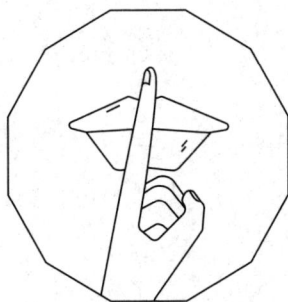

沉默

Silent
Agreements

契约

［加］琳达·D. 安德森　（Linda D. Anderson）
［加］索尼亚·R. 班克斯（Sonia R. Banks）　著　徐雪燕 译
［加］米歇尔·L. 欧文　（Michele L. Owens）

中国友谊出版公司

谨以此书献给我们的父母、亲朋好友、同事以及客户。感谢大家一路以来的支持、质疑和信任。他们和我们一样，逐渐接受并爱上了沉默契约。

献给小卡尔文·里德（Calvin Reid），感谢你一路以来的启发，感谢你一开始就赋予我们无比的信任和支持。

米歇尔

献给比尔（Bill）和马库斯（Marcus），你们为我的生活带来阳光，爱就是我们之间的沉默契约。

琳达

献给我的灵魂知己兼生活伴侣萨利姆（Saleem）；献给我心爱的家庭成员乔丹（Jordan）和纳伦（Naren），我想和你们一起分享我的成就和喜悦。

索尼亚

献给奥利维亚（Olivia）和约翰（John），你们每天都向我展示沉默契约的强大效应，给予我启迪。

版本一：所言非所思，所思非所言，所爱渐离去，终是意难平。

版本二：大多数的爱都在口是心非和心口不一之间消弭殆尽。

——哈利勒·纪伯伦（Kahlil Gibran）

目　录

序　言　何谓沉默契约，它如何影响我们的
　　　　人际关系　　i

　　　何谓沉默契约　　iv

第一章　沉默契约从何而起　　001

　　　源起：萨拉与自己的沉默契约　　003

　　　影响深远的童年记忆　　004

　　　从感觉到沉默契约：每个人心中都住着一个萨拉　　006

　　　感受它，但别泄露出来　　007

　　　人际关系中的沉默契约　　008

　　　有其母必有其女：青少年时期的沉默契约

　　　　一直延续到成年　　008

　　　为什么萨拉会重复这样的模式　　010

　　　沉默契约：症结何在　　010

　　　沉默契约的基本特征　　012

第二章　改变四部曲　　017

　　　第一阶段：重视共情、信任和尊重的基本价值　　020

第二阶段：善用个人经历和洞察力　023

第三阶段：重构或新建一个有效的契约　024

第四阶段：拿出勇气和信念　027

第三章　**两性关系中的沉默契约**　**029**

泡沫爱情　032

性的力量　036

扼杀性生活的沉默契约　044

沮丧到直接放弃性生活　045

我的另一半到底怎么了　045

中老年夫妻的性危机　052

权力和控制：当性成为武器　055

乞怜者和刻薄者：隐藏真正的问题　057

第四章　**金钱背后的沉默契约**　**059**

我算是明白了　061

第一步：藏在我沉默契约背后的东西　065

金钱和工作：问题出在薪水上还是我身上　072

我值得更高的薪水　073

在你离开之后　079

你的底线在哪里　084

第五章　**承诺背后的沉默契约**　**087**

有关关系构想的承诺：婚姻篇　091

对关系的承诺：职场篇　097

对关系的承诺：爱情篇　101

对人的承诺　104

对自己的承诺　107

第六章　家族中的沉默契约　111

再婚家庭：子女教育　114

非传统角色、颠覆期望　119

我才是更称职的家长　124

唯一的照顾者　129

沉默的伤痛——膝下无子　133

第七章　职场中的沉默契约　139

办公室的刺头　141

消极对抗型同事　143

吹毛求疵者　149

当事业遭遇爱情　153

在爱情和工作面前，一切皆平等　157

不仅仅是职场上的导师　159

第八章　健康方面的沉默契约　167

美食、家族和幻想　170

雪上加霜　176

上有老，下有小，中年人的健康风险　179

第九章　沉默契约工具包　　185

　　　如何知道自己带有沉默契约　　187

　　　你和自己订立的沉默契约　　196

附　录　209

致　谢　215

参考文献　217

何谓沉默契约，
它如何影响我们的人际关系

―――――

浪漫的恋爱关系通常如浪漫喜剧那般拉开帷幕。两个人因缘邂逅，然后惊喜地发现：天啊，我们两人之间竟然有如此多的共同点。两人都喜欢同一类型的音乐！都想尝试滑翔飞！等一下，你竟然也对猫过敏？这个时候的相互吸引和个人魅力、双方共同点以及激素有关。爱情刚开始时，双方都是那么令人陶醉，那么魅力四射，堪比电影明星。渐渐地，双方的真面目开始慢慢浮现，往日明媚热情的爱情气息逐渐消退。此时你才知道他其实并没有那么体贴，根本不喜欢为你开门，对现场音乐表演也没什么感觉，又或者你惊讶地发现她根本不喜欢网球，处处和你唱反调。那现在该怎么办呢？

又或者你现在正开始一份新的工作。刚开始时你对工作抱有很高的预期。你工作努力，绞尽脑汁地为公司想出各种奇妙的点子，表现极其出色。按道理，公司很快就会给你大幅加薪，对吧？可事实呢？你发现你的老板脾气暴躁，你不得不花费大量的时间安抚他。而且他还任人唯亲，喜欢提拔自己喜欢的员工，而非工作能力最强的员工。

你竭尽全力配合团队工作，但你内心真正渴望的是去挑战更难的工作，坐进更大的办公室，拿到更多的薪水。所以你开始问自己："我为何会沦落到这步田地？我该如何摆脱现状？"

其实在上述两个例子中，都是沉默契约在背后作怪。

何谓沉默契约

沉默契约就是你的人际关系中未曾言明的规则，它源自你未说出口但又认为他人应该明了、应予以尊重的一些设想、期望和观念。沉默契约存在于各种人际关系中，你继续阅读本书后，可能就会发现自己竟已和他人订下好几份沉默契约。其中一些沉默契约可能已存在很长时间。个人早期阶段所经历的人际关系会对其之后的行为举止、个人决策、做事动机（包括各种有意识动机和无意识动机）产生重大影响。所以在本章接下来的内容中，你将会了解自己童年时期的经历是如何影响你在沉默契约中所扮演的角色的。

沉默契约听上去可能是这样子的——"他母亲可以对我的厨艺评头论足，但我不应予以回应"或"老板没有给我加薪，他知道我不会开口要求加薪"，抑或"我女儿成绩越来越好，所以我没必要盯着她的功课不放"。这些"心照不宣"的想法可能会无限期地持续下去，同时，出于恐惧、内疚、责任感或对冲突的担忧，双方通常不会开诚布公地谈及这些想法。这些想法有时候确实是有益的，能够促进双方关系；但大多数时候，则只会阻碍你的人际关系发展。

你的人际关系也可能因你从未大声挑明心中的想法而变得更为复杂混乱。你可能会觉得对方也了解沉默契约的相关条款，和你想法一致，应全力配合你的行动。此时请回想一下，你是不是经常说诸如此类

的话 ——"他应该早就知道了吧""为什么非要我直接向她挑明这事?"但实际上，对于未说出口的事情，他人和你的想法可能大相径庭，相去甚远。

你悄无声息地在心中和他人订下沉默契约后，就可能在未与他人确认的情况下默认双方已就这段关系中的期望达成一致，都明白谁有责任去满足这些期望，清楚该如何实现这些期望。当然，有时候，即使你从未言明心中的观念、期望和设想，它们仍能得到很好的满足。此时，你的这份沉默契约将会加深你与对方的关系，让这段关系充满愉悦之情，得到进一步发展。但更多的时候，你心中的期望根本没有得到满足。有时你和对方都了解彼此的期望，但却无力满足它们。如果你对此继续保持沉默，不和对方沟通，那你们之间接下来就可能误会丛生，相互失望，关系急转直下，因为你是根据对方是否遵循这份错位的沉默契约来评估你们之间的关系，并对此做出回应的。你通常对沉默契约避而不谈，因为你担心一旦将问题搬到台面上，就可能会失去很多东西。在这种情况下，你会因担心关系破裂而一直保持缄默。更糟的是，你甚至可能都未意识到这份沉默契约的存在，也没有意识到那些未曾说出口，导致你在沉默契约中越陷越深的观念和期望的存在，所以你会在没有完全意识到的情况下，稀里糊涂地就某件事情同意他人的做法。

那么你心中的这些观念、期望源自何方呢? 其实通常都来自你内心深处的想法，比如，"除非碰到我的梦中情人，否则我绝不将就""我愿意为我的孩子牺牲一切""事业优先"。这些内心深处的想法其实就是你和自己签下的沉默契约，它们会一直指引你以何种姿态进入一段关系，对他人抱有何种期待。它们还会暗示你该与他人签下何种沉默契约，如此你才能更好地履行你与自己的沉默契约。更重要的是，它们早早为你规划好了人生的路线图，指导你该如何驾驭自己的人生，影响你所做的决定、所选择的工作、所建立的友谊以及所成立的家庭。

我是谁？对我来说什么是重要的？为什么重要？如果你不清楚自己在这些问题上所抱有的设想、期望和观念，那你和自己的关系就会受到制约。如果不清楚自己所抱有的相关观念，就更难觉察自己和他人所签下的沉默契约了。你会在没有认清自己想法的情况下，假设他人已经了解你的人际关系相处守则，同意遵守你所设下的条条框框。等到你开始质疑他人的行为时，就会纳闷："搞什么鬼，他到底在想什么啊？"其实这个时候你最好问一下你自己："我到底在想什么啊？"

例如，假设你选好一套公寓，准备和两位朋友一起合租。你开始盘算房租该如何分配才合理。你选的卧室是三人中最大的一间，不但装有壁炉，还能一览室外美景，所以你的朋友都认为你应该多付点租金，但你却不同意。三人爆发激烈的争吵，导致友谊差点破裂。

然后其中一位朋友问你："你住的房间最大，还带有壁炉，所以你才要多付一点钱，你到底为何会感到不公平？我想你心里也明白这么分配是合理的，你就是嘴上不认输，死活要争出个输赢。"朋友的话一针见血，刺痛你的神经。他说的没错，你确实明白他们的意思，那为什么你就是不愿让步呢？是不是你长期和自己签下的沉默契约（"没人能占我便宜"）让你与他们的协商变得更为复杂？如果你到这个时候还不承认这份沉默契约的存在，那恐怕以后还将经常碰到这样的情况。你可能会误以为自己只是和他人意见不合，但稍微挖掘一下，你就会发现与自己订下的沉默契约是如何影响你和他人的互动的。

　　一些心理学理论有助于你弄清楚沉默契约是如何展现的。个人的早期经历会随个体成长而不断得到强化。对许多人而言，父母是他们儿时认识世界的窗口，对父母的认知会影响他们对世界的看法和互动方式。如果自幼年时起，你的父母就以充满爱意的方式回应你，不断地肯定你、认可你、接受你，那你就会觉得自己是有价值的，会打心底肯定自己。因此，你之后会逐渐发展出健康的自我意识，积极和他人互动。另外，如果你在内心深处一直苛求自己、否定自己，不停地自我疏离、自我排斥，那你可能就会渐渐形成消极的自我意识，不敢对他人抱有期望。你内在对自己的这种消极认知通常是建立在身边重要人物自相矛盾的举止上的。例如，一个人可能非常爱你，但同时又老是批评你。

　　这种矛盾的行为会扰乱你的自我认知，让你难以正确认识自己，不知道该对他人抱有何种期待。然后你可能会渐渐觉得自己虽然被爱着，但从未被人真正接受过。

　　一些心理学家指出，若在建立自我认知的过程中并没有得到早期阶段照料者的肯定和同应，你就会发展出"假我"以期获得更多的肯定[1]。从某种程度上来说，在社会化的过程中，儿童会经常改变自己的行为举止，以期符合社会认可的互动规则。但在某些极端情况下，这样的变化发展会让个体脱离真正的自我，终其一生都戴着面具，过着不真实的生活。

　　为什么在介绍沉默契约时要提到这些特定的心理学理论呢？那是因为，正是你不断压抑自己内心真实的愿望、信念和期望，并将他人的期望内化为自己的需求，才导致你和自己签下沉默契约。它们的形成有时是因为你需要维持早期阶段发展出来的"假我"形象。当你认为自己真正的自我形象不恰当或没有价值时，就可能发生这种情况。例如，假设你现在和自己签下一份沉默契约：自己永远要保持独立。这一想法可能和你内心深处的渴望相反——你真正想要的恰恰是希望自己能够依赖真正爱你的人。但如果你的早期经历告诉你，依赖他人会遭到拒绝或否定，所以你选择通过固执地追求绝对独立来保护自己，以免感到失望，以及被自己真正想要依赖的人拒绝。

不同的早期经历会在个人身上打下不同的烙印，当两个成年人将这些烙印带入交往中时，双方在互动方式、诠释对方行为举止方面产生分歧也是顺理成章的。这些早期经历打下的烙印促使你和自己建立沉默契约，然后这些契约又成为你和他人的沉默契约的一部分，从而使得你在早期成长过程中所经历的事情、习得的互动经验不断被强化，并持续影响你的人生。

除了上述理论，其他一些心理学理论也值得一提。这些理论认为个人很容易受到世代相传的家庭教养模式影响。这种"多世代传递历程"[2]既会影响个体发掘独立自我的能力，也会影响个体和他人的互动方式。但一些父母可能会脱离传统的家族教养模式，（直接或间接地）告诉子女在人际关系、情感表达和回应他人上还有其他选择。他们的子女如果接受这些引导，就可能脱离传统的家族教养模式，发掘出更为独立的自我意识，拥有更多的自主性，而且还会将这些教养变化继续传递给下一代。但并非所有的家庭成员都能如此灵活变通，有些家庭成员可能会固守世代相传的家族规矩或惯例，并且一成不变地将这些规矩传递给下一代。

例如，假设你的家族世代都认为无论发生什么情况，人一定要结婚。好几代家族成员都秉持这一观念，但你的侄女肯德拉却离婚了（她由自由奔放的母亲教导长大）。几位家庭成员对此很不赞同，甚至极其愤怒。他们视肯德拉为家族异类，开始排斥她。与此同时，肯德拉却如释重负，欣慰自己能够勇敢面对内心真实的需求。她在成长的过程中经常看到自己的妈妈在做决定时总是遵循内心需求，这促使她将个人需求摆在家族需求之前，做出最符合自己利益需求的选择。上述例子体现了家族传统观念对个人婚姻观和婚姻处理方式的长期影响，也说明个体有能力摆脱家庭传统，做出独立选择。父母当然不是唯一的影响者。你自己、你的兄弟姐妹、你的父母可能都受到了世代相传的家庭制度影响。这意味着你们大家可能一直心照不宣地遵守某些沉默契约。但是，一旦有家庭成员开始和家族撇清关系，追求不同的选择，这些沉默契约通常就会随之破裂，有时甚至会引发各种家庭矛盾和冲突。

　　沉默契约对你的意义主要取决于你所处的人生阶段[3]，某些沉默契约对你来说可能意义重大。例如，你二三十岁时，会在教育、职业、友谊和人生伴侣方面做出影响深远的选择。你这个时候的沉默契约可能和你对生活的各种期望有关，例如你的人生要如何展开，你要选谁做伴侣，你的伴侣和身边其他人应有怎样的举止表现。但是等到你步入后一阶段，比如中年时期，你的个人需求、愿望和期望可能就变了。此时，你对自己和他人的期望已不同以往，所以原有的沉默契约很有可能不再适合你。事实上，这些旧的沉默契约可能会妨碍你实现人生新目标，以至于你不得不重新审视它们，并进行更改。这个时候你可能会心生不安，因为你发现自己并不全然了解过往的沉默契约，也未曾有意识地审视它们。好在这种不安情绪会促使你做出改变，推动自己的人生发展。

　　到了人生后期，沉默契约对你的约束可能也会变小。仔细回想一下：

你是否遇到过畅所欲言的年长亲戚？他们乐于表达自己的看法，会毫不客气地批评家庭成员。有的时候，这是因为他们在当前的人生阶段已不太在意他人的期望——不管是他人未曾言明的期望，还是他人明确告知的期望。他们已从沉默契约中解放出来，所以能够坦率地发表自己的意见，不再因为担心他人的看法而约束自己的言论。

以上提到的各种心理学理论都有助于我们理解何谓沉默契约，明白它们源自哪里，以及在我们的人生中又如何展现。大家要记住相关论点，它们将有助于你理解自身沉默契约的根源及其影响。

随着阅读的深入，你将会了解如何借助"消除误会"这一富有成效的对话机制建立更为健康的人际关系。如果你曾遇到过以下情况，那本书提到的相关工具将对你大有帮助：

- 你不再努力想办法解决问题，反正你就想撒手不管。
- 你为了获得更高职位的工作，不停地放弃机会。
- 你注意到有些问题在各种人际关系中反复出现。
- 你被自己信任的人背叛了。
- 你和好朋友逐渐疏远。
- 你和兄弟姐妹之间出现了不可调和的矛盾。
- 你竭尽全力避开冲突，不惜付出任何代价。
- 不愿结束一段麻烦缠身的关系，只因你害怕孤单。
- 戴着面具生活以获得升职。
- 和你不爱的人结婚，只因你不想让对方伤心。
- 明知道该拒绝孩子，却还是答应孩子的要求。

　　如果你和大多数人一样，为了避免和他人产生冲突，将上述问题（以及其他各种问题）视为地雷，避而不谈或直接忽视，那现在就得警惕起来。很少有人会期待冲突，但避开冲突通常并不会带来预想中的和平局面。某些时候，避开冲突甚至会产生更大的危害。因恐惧而沉默只是延缓冲突发生的时间罢了。就如星星之火那样，若不及时扑灭，便可能形成燎原之势，届时消防部门需要倾全力才能将之扑灭。更糟的是，你可能在每一段关系中都任由各份沉默契约无节制地持续下去，最后导致问题一发不可收拾。而当你想避免的是自己内心起冲突时，火势会继续蔓延开去。

　　本书接下来会讨论沉默契约在日常生活中的呈现形式，你在阅读时可能会在相关故事中看到自己的身影。你将会看到自己在孩提时代的重要经历、所认同的家人观点和他人看法，以及在成年阶段所面临的各种挑战是如何影响你所建立的沉默契约的。本书随后章节所列举的故事和练习将有助于你辨认出你和自己以及他人签下的各种沉默契约。在此过程中，你也能找到处理这些沉默契约的方法，如果你愿意，还可以对相关方法进行修正，以更好地满足你自己的需求。

第一章

沉默契约从何而起

那么沉默契约到底是如何开始，逐步发酵的呢？本书接下来就借萨拉的故事为你详细呈现沉默契约的形成过程，让你明白一切是如何拉开帷幕的。相信在了解萨拉过往经历的过程中，你会对很多场景产生某种似曾相识的感觉。沉默契约从何开始，如何被强化？它们为何会一而再地出现，贯穿大家的一生？萨拉的故事将会为你逐一揭晓答案。一旦知道它们从何而起，你就可以做出更好的选择，拥抱改变。

源起：萨拉与自己的沉默契约

假设你现在是四岁的小女孩萨拉。你的妈妈忙着做家务之际，隔壁邻居黛安过来串门。

妈妈透过猫眼看到黛安在敲门后，低声嘀咕："真是讨厌，干吗今天过来串门？我都快忙死了。"不过，抱怨归抱怨，妈妈还是笑意盈盈地开门，将黛安迎进屋内。黛安进屋后和你打招呼，结果，你却认真地告诉她："你该回家，我妈妈刚才说今天太忙了，没时间闲聊。"

没想到妈妈听到后一脸尴尬，大声呵斥你别这么说。她忙不迭地向黛安道歉，并告诉她你一早上都在和她闹别扭。之后，她又批评你没有礼貌，罚你在角落面壁思过，直到她满意为止。妈妈的做法让你很困惑，委屈地直流眼泪。你使劲拉住妈妈不放，结果她还是让你坐到角落里反思，还明确告诉你"如果不向黛安道歉，就这么一直坐着"。你只能坐在那里默默哭泣。

影响深远的童年记忆

这一童年经历对你影响深远。如果你之后再也没有目睹过类似情境，可能会逐渐淡忘此事，它对你的影响微乎其微，不会改变你对坦诚以待和诚实的看法。但不幸的是，在整个童年和青少年时期，你的母亲不断重复这种不诚实的行为。你发现，她总是在抱怨，有时甚至会哭诉自己不堪重负。但面对那些让她产生这些负面情绪的人，她总是默默吞下心中的委屈和不快，满足对方的要求。

哪怕已是精疲力竭，或是由于某些原因只想独处一会儿，她都不会告诉对方，她会觉得这样做是不礼貌、不体贴的，是令人不快、冷漠无情的。但是她的行为明白地告诉你，和熟人、亲戚、密友打交道，诚实通常是下策。

如此循环往复，这些事情逐渐在你的心中埋下种子，生根发芽，影响你对人际关系的认识，构成你和自己以及他人的沉默契约。你日后将很难拒绝他人的要求，因为你担心这么做会让他人排斥你，让自己颜面尽失。你从妈妈那里学到"即使不需要他人的陪伴，也不应诚实地告诉对方"。她以做人要有礼貌为由，不断地向你示范不诚实的行为，还惩罚揭露她心中真实想法的你。她的惩罚让你羞愧万分。你觉得自己被她抛弃了，明明你只是想帮她啊！

所以，母亲的行为会让你学到哪些重要教训呢？毫无疑问，那就是向他人坦陈自己的真实感受是不妥的。除此之外，更重要的是，你可能会认为自己的真实感受并不重要，当别人向你索取某样东西时，即使打心底不想给，你也应配合。

等到青少年时期，你的母亲仍一如既往地心口不一，日复一日，她的伪善让你忍无可忍。你有时甚至会痛斥她的举止，但是她拒不接受你的批评。相反，她会不停地向你解释没有必要拒绝他人，让他人感到挫败、失落；即使累到筋疲力尽，忙得不可开交，甚至还与他人发生争执，她仍觉得如此。她会告诉你别人无意伤害她，只是需要她的帮助，或者她单单是实在难以拒绝他人的好意罢了。然而，这种"礼貌举止"所带来的影响却后患无穷。

例如，正是这种想法导致你的母亲十五年来和一位明显不适合她的男人纠缠不清，度日如年。你看到她一次次地想离开，又一次次地以各种理由（比如，"他真的是个好男人"）说服自己留下，徒留一身忧伤。所以，你发誓此生绝不逆来顺受，绝不会为了满足他人的需求而委曲求全。但你彼时不知道的是，这一誓言的实现会如此艰辛。

从感觉到沉默契约：每个人心中都住着一个萨拉

　　萨拉所经历的情境就是导致我们和自己以及他人订下沉默契约的早期经历。具体来说，当你还是个婴儿时，你会真实地表达自己对周边世界的感受，诚实地回应周边世界。随着年龄增长，你的表达能力与日俱增。当你成为蹒跚学步的幼儿后，你可能会直接扔掉玩腻的玩具，或者当大人挡住你不让你拿某样东西时，你会直接推开对方的手。不过最终你学会了用语言表达自己的感受。在这一路上，你的父母、家人以及其他形形色色的人都会教你如何通过社会认可的方式表达自己。

　　在前文提及的案例里，小萨拉因为告诉邻居妈妈并不欢迎她的到来而被责骂。妈妈清楚地表明萨拉的坦率是不会得到奖励的，随后，萨拉又目睹了妈妈的心口不一：她的妈妈虽然恼怒，却还是邀请邻居进门。萨拉由此学到即使想一个人独处，也不应向对方坦陈这一点（她的妈妈终其一生都没有给出另外的答案）。她还学到如果在这样的情况下，心口如一地表达自己的感受，对方可能会感到尴尬（在她这个年龄，可能更多的是感到羞愧），甚至还会生气。另外，萨拉还了解到对方——在这个案子里，就是邻居黛安——可能也揣着明白装糊涂，乐在其中。毕竟在萨拉明确告知妈妈希望她回家的情况下，黛安仍选择留下。妈妈和黛安通过指责萨拉回避了真正的问题。但是对萨拉来说，回不回避，教训都摆在那儿。一言以蔽之，萨拉学会了在此类情境中对自己的感受避而不谈，以免造成困扰。

　　所以接下来会怎样呢？我们通常会直接闭嘴，压抑自己的感受。有时我们也会觉察到这些被压抑的感受，但却有意识地将它们压在心底，不向他人提起。有时，这些感受被压抑得太久了，以致我们都不清楚自己的这些真实感受，甚至都无法确定它们是否还存在。

如此压抑感受所带来的一个大问题就是，那些埋藏在心底的感受会通过行为表现出来。因为对是否要坦陈自己的感受充满疑虑和恐惧，我们就以沉默契约的形式和自己妥协。我们错误地相信如果大声表达自己的感受，将会招来麻烦，所以我们在与自身以及他人达成交易时，都对心中真正的感受三缄其口，以使生活能更轻松些。

感受它，但别泄露出来

为何你在心中和自己达成的交易、向自己做出的妥协会被视为一份契约呢？和自己达成协议，听着就好像实际上有两个你存在似的。为了免受他人的怒气、责难、拒绝，或者单纯为了不用面对尴尬的冲突场面，你分离出两个不同的自我：一个千方百计隐瞒内心真实的感受、想法和反应，另一个想坦率表达自己的真情实感。萨拉原本是个恣意表达自己真实感受的人，但后来却学会将自己分成两半，戴上人格面具生活。而正如萨拉那样，你可能也感受到压力，想要分离出各种自我进行应对。你既想表达自己的真切感受，又不想暴露自己的真实情绪，这种矛盾的拉扯促使你发掘出一种机制，让你既能拥有真实的感觉，又能对它们守口如瓶。这个机制就是沉默契约。

人际关系中的沉默契约

沉默契约在各种人际关系中的作用与你和自己订下的沉默契约类似，但更为复杂。有的时候，你会对内心真实的想法避而不提，尽管你的行为举止已经出卖了你。例如，你因为恐惧亲密的性行为而在睡前假装头痛，你的另一半对此心知肚明，但却什么都没有说，因为他担心若两人坦诚讨论这一问题，那过于棘手的问题（让你"性致"缺乏的原因）可能会浮出水面，甚至让他再也无法和你发生亲密的性行为。而且，有关两性关系的对话也让他感到不自在，因为他对自己的性魅力并不自信，觉得女人很吓人。因此，他其实也指望你帮助他继续对自己心中的忧虑和真实感受秘而不宣。

有其母必有其女：青少年时期的沉默契约一直延续到成年

现在让我们再次回顾萨拉青少年时期的经历。随着年龄的增长，萨拉开始谈恋爱。不幸的是，尽管信誓旦旦地提醒自己不要步母亲的后尘，她还是重蹈了母亲的覆辙。萨拉和高中第一位男朋友约会了几个月后，觉得两人并不合适，想和其他男孩子约会看看。但她的男友为人友好善良，是个好人，萨拉不忍伤害他，狠不下心来和他分手。所以她没有向男友坦承自己的想法，但经常会为一点小事就对他大发雷霆。看得出，萨拉的处理方式和她母亲默默承受的回应方式并无二致。与此同时，她的男友性格腼腆，担心自己再也找不到像萨拉这么特别的女朋友，所以他也不敢主动开口结束两人的恋爱关系。虽然两人最终还是分手了，但那是历经数周的折磨、冲突和糟糕的沟通后的结果——这一切都是两人互补的沉默契约在背后作怪。

二十一岁时，萨拉已是一位活力四射、勇往直前、充满豪情壮志的年轻女孩，但她并未逃离母亲的魔咒。她遇到了约翰，一位老实坦率的小镇男孩，萨拉认为他是个安全的选择。她一厢情愿地相信，和约翰在一起会让她成年后的第一段恋情免于遭受过多的挑战或风险。约翰也明白两人之间格格不入，但仍和萨拉交往，因为他渴望改变和刺激，但缺乏勇气。这段关系并不能满足萨拉的需求，所以她开始厌倦。和以往一样，她因害怕约翰生气或拒绝分手而避而不谈自己的真实感受。到最后，两人的恋情只能在无尽的争吵中拉下帷幕。

因为萨拉没有相应的工具帮助她识别、处理她和自己以及他人之间建立的沉默契约，所以这种低效的处理方式一直延续到她的成年时代。她最终遇到了迪恩，又一个和她个性截然不同的老好人。两人之间并没什么共同点，但迪恩是首位对她百依百顺、让她根据自己内心需求做出选择的男人，所以她最后还是和他结婚了。一阵子以来，迪恩的逆来顺受让她愿意忍受两人南辕北辙的个性。

但几年后，萨拉不得不承认这段关系让她很不愉快。为了消除自己再次拒绝他人的焦虑感，她不断说服自己这是自己太挑剔的结果，默默忍受这段不幸的婚姻。不过十五年后，萨拉终于找回自信和自我，意识到自己再也无法容忍这段婚姻，向迪恩提出离婚。至此，她终于打破她和自己的沉默契约——如果坦陈自己的真实想法，就会招致愤怒、伤害和拒绝，就跟四岁那年那样。

为什么萨拉会重复这样的模式

萨拉的感情处理模式（不愿坦陈自己的想法，一直拖着，迟迟不解决问题）就是她母亲的处事方式（当她说出母亲的真实感受后，受到的是残酷的拒绝和伤害）在她身上留下的痕迹。"因讲真话而让自己陷入焦虑不安"这件事堪称她早期成长阶段的重大事件。虽然彼时还是个小孩子，她仍能从母亲的肢体语言、情绪反应和行为举止上感受母亲挣扎着想坦陈内心真实想法，但最后还是选择保持沉默的心理。和其他幼儿一样，萨拉在表达能力还未完善前就能察觉到这一点。

所以，后来在两性关系上，萨拉即使看到危险信号（甚至是一连串的危险信号），也不愿意承认自己的真实感受，直接转身离开；她只学会用挑剔、焦躁、不耐烦之类的情绪表达自己对这段关系的不满，希望对方能主动结束这段关系，这样她就不用做"坏人"了。但她的一连串行为泄露了她内心真正的想法，双方最终分手。直到这一刻，沉默契约才被打破。

沉默契约：症结何在

两人之间的沉默契约通常表明双方因为害怕分手或不想承认内心深

处不曾触及的情绪，而都没有向对方坦陈自己的想法和感受。这种缄口不言带来的结果就是你的行为以及随之而来的想法、情绪、信念经常被误解。而你之所以习惯性地隐瞒内心的真实想法，是因为你好多次想坦承自己感受时都感到不安全、恐慌，又或者对方的回应让你感到焦虑、羞愧、内疚、不安，然后你渐渐地学会使用沉默契约来处理问题。

我们如何识别自身背负的沉默契约

如果出现下列情况，那你很有可能已经和自己或他人建立了沉默契约：

- 你看着很好相处 —— 但这只是表象而已。
- 你其实更在意自己未说出口的事情，而不是那些已说出口的事情。
- 你认为据实相告会让自己付出高昂代价。
- 比起矢口否认，你认为坦陈自己的真实感受更让人痛苦。
- "知道什么该提，什么不该提"是你与人交往的成功秘诀。
- 你认为谈论真实想法会让你失去一些东西，甚至会让你失去某个人。

当发现自己无话不谈，但就是刻意不提那些真正令自己困扰的事情时，你可能也会意识到自己正处于沉默契约之中。当感到自己无力改变处境时，你通常会刻意不去想它对你造成的困扰，而是努力减少自己的情绪波动或干脆否认自己的感觉。我们常会在这个时候告诉自己，保持沉默才能落个清净。当然，有时候，我们即使在谈论相关事情时也不会意识到这点，有害的沉默契约也因此一直持续下去。

沉默契约的基本特征

恐　惧

有些沉默契约是我们内心的恐惧引发的，因为我们害怕坦白内心会让他人认清真实的我们。为什么我们不敢向所爱的人坦陈自己真实的感受？为什么我们会避而不提自己的工作抱负？为什么我们即使痛恨别人把我们当小孩子般对待，也要继续扮演小妹妹或小弟弟的角色？答案很简单：我们害怕别人会伤害我们，不再爱我们，甚至离开我们。我们可能还害怕承认自己真正想要追求的东西，因为万一追求失败，不知该如何是好。但保持沉默并不会让你心底的渴望和需求自动消失。它只会让你更难获得自己真正想要的东西。

转移注意力

当不想面对的问题出现时，你可能会想方设法地不让他人，甚至你自己，发现这件事。此时，你会竭尽全力转移注意力，隐瞒真实问题。从本质上来说，沉默契约会让你的问题一直埋藏着。

例如，你和另一半渐生隔阂，为了转移注意力，你可能会过度干涉你孩子的生活。你的另一半可能也会默认你这么做，如此他就不用直面"不被你爱"的恐惧。显然，你们之间的沉默契约和孩子无关，那只是你们双方为了应付这段关系中的真正问题而使用的工具罢了。在焦点转移的帮助下，你假装那些转移你注意力的人或事（例如，本案例中的孩子）才是生活中值得你关注的事情，而将真正的问题置之不理。

多层次性

沉默契约通常和多重信念、多种感受和多个期望相关。同步处理沉默契约各层面所涉及的问题，简直是不可能完成的任务。所以，你可能选择仅处理最表层的问题。当你认为自己只能处理部分沉默契约时，则往往只会处理和这部分契约相关的问题，而否认或放弃其他问题。

例如，你觉得丈夫可能有外遇了，但你们俩都佯装他只是出门会友，你希望他最终厌倦外面的小三，浪子回头。问题在于，你们的沉默契约是围绕"你的丈夫被人目睹经常出入同性恋酒吧"这一核心事件展开的。但是你无法直面"另一个女人"其实是"另一个男人"这一想法，因此，"丈夫的外遇对象其实是男人"是你们所保持的第二层沉默。由于你对此还未做好心理准备，所以现在的局面是你承认他有外遇，但却不愿承认他真正的外遇对象。另外，你的丈夫也很挣扎，他难以承受你撞破他的性取向后可能采取的言辞和举动。所以，他也顺水推舟地表示自己只是"出门会友"，通过这样的方式参与到你的沉默契约中。因为他和男人外遇这件事过于复杂，难以处理，所以你们俩都心照不宣地假装他是找借口出去见其他女人。如果你打破沉默，则可能暴露其他深层次的问题，从而引发巨大动荡。

揭开沉默契约各个层面的问题并非易事，因为你们中的一方或双方可能对此不知所措，不清楚将会产生什么样的后果或造成多大程度的伤害。若是一下子打破沉默，你害怕可能会暴露妨碍这段关系发展的所有问题。而事实上，一旦你的真实感受和信念得到披露，它们就能为你真诚可靠的关系打下更坚实的基础。

多变性

沉默契约并非一成不变。随着关系进入下一个阶段，沉默契约也会随之变化。例如，在你家中，你可能扮演温顺的小妹角色，和你专横的大姐形成鲜明的对比。最初，你们俩都相安无事，安于各自的角色——你的姐姐自我意识强烈、为人强势，而你很需要安全感和姐姐的保护。

后来，你个性中的其他特质得到挖掘，你发现自己很有经商天赋。你变得自信而又果断，你新开的餐饮业务也蒸蒸日上。由于你的新角色，你和你姐姐之间的沉默契约也因此发生变化。你的姐姐以你为傲，为你成为商业女强人而欣喜，到处向朋友炫耀你的成就。虽觉得有点尴尬，你仍默许姐姐的行为，因为她的炫耀让你感到自己的成就被人赞赏，你也喜欢两人之间新的互动模式。然后，在接下来的几年里，你们俩经常一起旅行，共享独特（而又昂贵）的体验，双方心里都不再计较谁付出得更多。此时，你们俩之间的沉默契约再次发生变化——你现在感到双方地位平等，充分享受彼此的陪伴。

你与自己的沉默契约则可能会以另一种方式发生转变。例如，你并不认同所在家庭和社区的一些根深蒂固的观念，但有时候你会拒绝承认这种抵触情绪的存在。所以即使心中不喜欢，你在行为举止上仍坚守这些观念。这种行为模式会转变成你展现自我的方式。到最后，你所过的生活可能并非你真正想追求的。好在你可以学会发现、理解、揭露自己的沉默契约，真实面对内心的恐惧，大声说出自己的真实感受 —— 这种转变将会为你打下基础，让你过上真正想过的生活。

第二章

改变四部曲

关于你内在沉默契约的源起已在前文讨论完毕。现在，请你回想一下你和你的另一半、老板、亲戚或朋友之间的相处情况，想想你们之间是否因错位的沉默契约而冲突不断（当然也可能彼此相处融洽，意见一致）。本章将提供相关方案，以帮助你检查人际关系中存在的各种沉默契约。如果你努力尝试本章提出的每一个步骤或过程，你的人生将会得到真正的改变。记住，改变关系并不需要改造对方，你只需学会识别沉默契约加在你身上的条件和限制即可。

这一方法涵括四大阶段（或者说四大要素），你可以通过它们识别你身上的沉默契约，发现契约背后隐藏的问题（比如，潜在的恐惧和欲望等）。这些要素堪称一个框架，能帮助你推进整个改变过程。你要将四大要素全部解决，才能促成真正的改变，但是处理它们的顺序则视情况而定，不尽相同。处理沉默契约时，你可能受特定价值观引导，所以在开始前，你要先确认自己的价值观；另外，你对沉默契约伙伴所使用的语言也需要改变。以下是你改变沉默契约时需要经历的四大阶段——你必须要解决的四大要素。

第一阶段：重视共情、信任和尊重的基本价值

无论双方有多大不同，健康的人际关系都是建立在彼此信任和尊重的基础上的。如果在处理沉默契约伊始，你就尊重契约的另一方，相信并接受对方的好意，这便算有了一个好的开端。意识到双方都是整个过程中的一环，都能推动事情进展，将有利于双方合作，有效推动整个改变过程的顺利完成。记住，你们是来解决问题的，所以才要和对方结盟，以尽最大努力完成这个任务。一旦了解相互性原则在人际交往中的重要性，你就能更快地发现你和自己在意之人到底哪里出了问题，并且敞开心扉和对方协力解决问题，而不是满怀批评和责备。这样的认知也有助你放松，帮你弄清楚自己在人际关系中真正想要追寻的东西。

怎么做

- 在不受打扰的私人场合中和对方约定一个双方都满意的时间。
- 如果处理的沉默契约和职场有关，对话内容一定要保密。
- 避开办公室的八卦消息，它们会妨碍你，使你无力找到并跟进双方都满意的解决方案。
- 人在处理亲密关系中的沉默契约时，往往会想和他人讨论。请尽量只和涉事的另一方进行讨论，以使事情进展顺利，并给予对方最大限度的尊重。

虽然上述方法看着很常规，但人们在急于解决眼前发生的问题时，

往往无法恪守上述原则。为了不让努力白费，你一开始就要做好准备工作，以使双方的沟通尽可能顺畅。这意味着你需要表明自己的需求、愿望和期待，并敞开心扉接受对方的需求、愿望和期待。不要不停地唠叨或坚持要求对方从你的角度看待问题（很多人会借此证明自己没错）。

案例 —— 家族沉默契约

你的小叔子来到你所在的城市，为了找工作搬到你家中"暂住"。但六个月过去了，他既没找到工作，也没要搬走的迹象。你的丈夫对此并没什么表示，但你却有一肚子的不满。你不想住在自己家里时还被人打扰，这让家没有了"家的感觉"，于是你希望丈夫开口让弟弟搬走。丈夫虽然也承认弟弟确实住得够久，但并不希望在弟弟找到一份稳定的工作前赶他走。

一天晚上，你精疲力竭地回到家中，想要好好放松一下，结果却发现你的小叔子带着刚交的女朋友坐在电视机前，边喝啤酒，边吃零食。你心中的火气"噌"的一下就上来了，更让你暴怒的是，你的丈夫没有站在你这边，而是支持他的弟弟。是时候该好好谈一谈了！这很重要，只有好好沟通，你和你丈夫才能明白彼此的想法。

姻亲问题向来敏感，稍有不慎就可能让双方关系破裂。所以与其把你丈夫叫到另一个房间，对他发怒，和他争论，并发出最后通牒，还不如提议选个恰当的时机，两人坐下来好好讨论这件事情。你可以晚饭后和他一起散步、兜风，或是去餐厅喝杯咖啡。

逃离事发现场，能让你们俩都心平气和地交谈。而且在外面讨论时，你说话不用太顾忌。

为什么要这么做

　　另外安排一个时间讨论，能让双方都放平心态，做好心理准备，从而更好地识别并分享你们的沉默契约。要是能选择在不让情绪爆发的状态下进行，也有助于专注解决问题。记住，你将要揭露的沉默契约不仅会影响当下情况，也会影响两人在其他方面的互动。发泄不满和愤怒并没什么错，但在开启对话之前，要先做一下准备，这样两人能沟通得更顺畅。

开启对话

　　说话时要注意措辞，话里话外都要暗示你们双方需要共同解决相关问题。即使你的沉默契约本质上针对的是你自己的问题，你也可以看到他人是如何受其影响，涉入其中的。以下是几个表达心中顾虑的例子：

　　• 这是我们俩之间的问题，但我们却都任其发展。我希望我们现在可以一起努力，解决这个问题。

　　• 你知道我很爱你，也很信任、尊重、在乎你，我不希望我们两人都假装这个问题不存在。

　　• 我周末要出去度假，好好冷静一番，这样我才能心平气和地和你讨论这个问题。

　　• 我担心一些没说出口的问题会影响我们解决这事。你是不是也这么想？

• 和你这么坐下，讨论这件事对我来说并不容易，但我们是一家人，我希望我们可以相互帮助，把该说的都说清楚。

第二阶段：善用个人经历和洞察力

你要尽力弄清你之前和家人、邻居以及其他人的互动是如何影响你对自己的看法，并催生那些潜伏在沉默契约背后的秘密的。在这个阶段：

• 你要抛弃所有不恰当或不合用的旧规则、告诫或世代相传的观念。

• 不要让其他人占据你的头脑。你要做出属于自己的选择。你要尽力将你过去的经历和目前的应对方式联系起来。

• 运用这一新发现的联系，帮助自己发声和与对方沟通你们的沉默契约。

怎么做

案例 —— 家族沉默契约

让我们继续讨论你束手无策、不知道该如何处理不知趣的小叔子的事件。你和丈夫两人或许想要探索那些可能影响双方互动的潜在观念和经历。为了简化操作，我们设计了一套很有用的方法（参看第九章）。它包含一系列问题和陈述，能帮助你挖掘那些妨碍你现有人际关系发展的旧观念和规矩。例如，作为本案中的妻子，你可能会通过这套方法得到启发，回忆起童年时常有亲戚到你家暂住并反客为主的情况，这激化了你对小叔子长期赖着不走的反应。你丈夫也可以借此对过去的事情进行回溯，进而发现他在兄弟姐妹中一直扮演着"负责任的人"，这一角色可能影响了他的判断力，以致他不知道该何时开口让弟弟搬走。

为什么要这么做

当你们都能从彼此的角度看待这件事，并认识到对方过去的经历对当下处境的影响时，就会变得更为开明，更能换位思考，更理解支持对方，并真切地感受到彼此是一体的。

第三阶段：重构或新建一个有效的契约

在这一阶段，你已开始考虑修订你们的沉默契约。请仔细思考导致双方关系最紧张不安的那个沉默契约。为了重构这一契约，你需要找到其背后的隐藏问题。

怎么做

案例 —— 家族沉默契约

想象一下，你和你丈夫都完成了第二阶段的任务，并找到了那些影响你们关系的旧观念、设想和期望，接下来你们就可以继续下面的对话了。

你：

我一直认为配偶和孩子比其他任何人都要重要。我很看重这一点，因为我的父母在我的成长过程中从来都把别人看得比我还重。我以为你弟弟很快就会找到工作，在年前就可以搬出去，我以为你也是这么想的，所以我当时才同意你弟弟搬进来暂住。因此，当他迟迟不走时，我才希望你，作为我的丈夫、他的兄长，能够开口让他搬走。我一直隐忍不发，等你开口，因为我一直担心你把你的家人看得比我和孩子还要重。

他：

我从小就认为家人是最重要的，觉得我有责任保护每一位家人。我一直希望结婚后，除了自己的小家，还可以一如既往地保护其他家人。我以为你会理解这点。我害怕你可能会逼我在你和弟弟之间做出选择，所以才一直不和你谈论这件事。我既不想失去你，也不想失去我的家人，但事情很难两全，因为我觉得自己对你们两人都有责任。身为哥哥，我一直希望能找到解决办法并付诸行动。我只是不知道到底该怎么做，一想到要让他搬走，我就感到内疚。

为什么要这么做

这样的对话提供了一个窗口，让你们得以窥视埋藏在彼此行为和观念背后的期望。双方如果都开始思考为什么彼此的期望不一致，就更容易针对契约进行新的对话，也更有可能重新拟定契约，以反映两人是一体的，有着共同的目标。真诚倾听彼此内心的想法和感受后，你会更加确定你的丈夫很看重你，他也会停止对身边亲人大包大揽的做派。作为一个共同体，你们可以一起厘清此事，将它作为你们两人要共同面对的问题，在此基础上重构契约，以解决这一问题，而不是彼此像敌人似的处理它。当然，这不是一次对话就可以完成的。

你对他人的看法和假设可能仍有未改变的地方，请大方承认吧，这样可能有助于你找到真正妨碍双方关系发展的因素。然后，你才能决定现存的契约是否有值得保留的地方。

以下问题将会帮你做好准备，助你实现这种改变。你能对以下问题给予肯定答复吗？

• 你能改变对现有沉默契约的看法吗？

• 你是否已准备好摆脱旧的回应模式，即当出现人际关系困扰时，你是否可以不再像以往那样一方面将一切放在心底，另一方面却期望他人可以了解你内心的真正想法？

• 你是否愿意以不再指责他人、不再通过令人望而却步的言行来重构契约？

若是如此，你便已做好准备，可以着手进行评估和重构契约的任务了。

记住，这是一种有意识的态度转变，可以最大限度地帮你应对恐惧，表达你的需求，并与他人建立新的对话。在此过程中，你一定会挖掘到新的感受。

第四阶段：拿出勇气和信念

你在这一阶段要拿出勇气打破沉默，超越隐藏在沉默背后的恐惧。你已做好处理现实问题的准备，并能不带羞愧、恐惧和内疚地和他人保持更深层次的关系。

怎么做

案例 —— 家族沉默契约

现在，对于沉默契约如何扰乱原本和谐的婚姻一事，你已有了更清醒的认识。如果做好准备，决定在"拿出勇气和信念"这一阶段与对方开启对话，你可以仰仗双方多年建立起来的爱和支持，和对方好好沟通，承认你们俩很珍惜对方，都很看重这个家。

当你拿出勇气推动事情进展时，你要：

• 相信直面沉默契约将会加深你们双方的关系。

• 相信坦诚沟通才是真正的解决之道，尽管继续沉默可能让你更为自在。

• 明白你谈不谈论沉默契约，它都会影响你们之间的关系，只有揭露它，你才有机会幸福。

为什么要这么做

吐露心声并不容易，而且还会引发冲突，但勇气和信念可以帮你度过这一艰难的过程。你可以通过一切方式为自己打气。

现在，你已了解解决沉默契约的各大要点。接下来，我们会深入讨论催生各种沉默契约的不同情境，以及你该如何识别相关情境中的沉默契约。

第三章

两性关系中的沉默契约

————————

夫妻之间的性生活可以透露双方关系中的很多事。遗憾的是，性爱通常是夫妻之间的禁忌，很少被纳入讨论。我们经常无法清楚地表达自身需求，转而通过各种方式暗示心中未曾说出口的设想、观念和期待。例如，一位女士趁另一半熬夜看电视之际，早早上床睡觉以避开性生活；一位男士为了满足自己的性需求开始劈腿，或是沉迷色情作品等；也有一些夫妻虽然性生活很和谐，但却鲜少谈论它。

夫妻之间的性生活是很容易催生沉默契约的地方，因为很多人都无法自在地讨论这一话题，坦陈自己的性需求或性压抑状况。而且很多人也并不完全了解自己是如何通过性爱表达感受和欲望的。但是，无论有没有认识到自己的需求，或自己对性生活有多不满，人们常常会借由沉默契约表达自己的不满。有时候，性爱会变成例行公事。卧房可能变成你回忆旧爱的场所——这样你就不必处理棘手的现实问题（比如，"他再也无法勃起"或"她不再吸引我"）。抑或，你在沉默中否认这一残酷的事实：卧房成了你逃避现实的最后场所，以免想起他失业了、你是个工作狂，或者两人之间的对话已变得索然无味……更糟的是，你已激情不再，甚至懒得回应对方。沉默契约通常会在这些情况下应时而生；若想重新点燃欲火，必须好好解决才行。

即使你性生活和谐，我们也不推荐跳过本章内容。很多因素都会导致性生活发生变化，例如，疾病、另一半去世、激素变化或去异地工作等。即使性生活非常美满，你也务必了解随时间和环境而变化的性爱沉默契约对你有何影响。问下你自己：是否向另一半隐瞒了一些事情？若是如此，你是否会以"没什么大不了的""是为了他好"之类的借口安慰自己这么做没有错？本章接下来要讨论的策略将会让你通过富有成效、充满爱意的方式大胆讨论这一话题。

性爱对每个人的意义并不相同，性伴侣之间通常有着强烈的感情，所以性生活既是满足人们期望和幻想的天然乐园，也是催生沉默契约的天然温床。西蒙妮和钱德勒的故事就是如此。

泡沫爱情

西蒙妮和钱德勒

西蒙妮是一位婚姻不幸的职场女性，年轻的她抛下结婚八年的丈夫，独自一人前往加勒比海度假一周，以摆脱繁重的工作压力。旅行快结束的前几天，她在泳池旁的酒吧邂逅了迷人可爱的钱德勒。两人犹如干柴烈火，一下子就打得火热。在接下来的三天时间里，他们谈笑风生、饮酒载舞，尽享美妙的性爱。浓浓的浪漫气息让两人的假期艳遇看着是那么完美无瑕。他们之间有着太多的共同点！都很幽默！性欲也非常匹配！这个新伙伴迷人友好、耐心风趣、令人兴奋，让人为之倾倒！然而假期很快就结束了，两人只能各奔东西。

　　西蒙妮在飞机上不断想起前几天和钱德勒相处的情境，寻思两人是否能再见一面。她知道自己只是经历了一趟性爱冒险之旅。作为一个忠诚而又果断的男人，钱德勒深深地觉得西蒙妮就是他的真命天女。他想将她从沉重的生活和不幸的婚姻中解救出来，尽管西蒙妮从未提过自己希望被拯救这事。回到巴黎后，钱德勒开始幻想两人携手一生的生活。他深信两人是天造地设的一对，所以决定尽快去纽约和西蒙妮团聚。他相信西蒙妮见到他后肯定会很高兴。

　　钱德勒抵达纽约后，马上联系西蒙妮。这让西蒙妮恐慌不已。她可是和配偶同住的已婚女性，而且当天恰逢她婆婆在家中过夜。钱德勒竟然未经她同意就只身来到纽约和她见面，他到底在想什么啊？钱德勒期望西蒙妮尽快离婚。他以为西蒙妮会找借口骗过丈夫，如此，两人就可以在豪华酒店共度周末时光。这显然和西蒙妮的想法背道而驰。她同意和钱德勒共进午餐，却无意和海岛上认识的情人私奔。她目前仍处于和丈夫的拉锯战中，需要集中精力解决这事才行。午餐期间，她尽力向钱德勒解释为什么自己不可以和他一走了之，但也担心他无法忍受被她拒绝一事。要是钱德勒出现在家中，那该怎么办？西蒙妮明白自己必须对钱德勒坦白：她不会和他共度周末，也不会离开她的家人。她非常担心丈夫和家人会发现她和钱德勒的事情。这顿午餐，钱德勒和西蒙妮两人都吃得紧张不已，心神不定。在璀璨的纽约灯光照耀下，两人的恋情竟变得面目全非，和往日加勒比海上的浪漫气息有着天壤之别。

追根溯源：背后的沉默契约

西蒙妮和钱德勒邂逅时，两人对性爱有着各自的想法，都在心中和自己订下了沉默契约。这些未说出口的愿望和幻想在加勒比海的阳光下熠熠生辉，和谐共存，造就了美妙的三日之旅。**西蒙妮暗暗告诉自己这不过是一次度假艳遇罢了**，但她却沉迷其中，仿佛自己真的非常期待她和钱德勒的爱情。她一下飞机就散发出独立、自由的气息，让她性感而又强大的特质得到淋漓尽致的表现。她身上的自由精神和强烈欲望让钱德勒着迷，他们之间强大的化学反应让钱德勒误以为两人追求一致。但是他却决定旅行结束后再和西蒙妮畅谈两人的未来。**钱德勒的沉默契约是：让两人在短时间内迅速变得亲密无间，认为这种亲密感会让两人在现实世界中长长久久。钱德勒的妥协之处在于他不想和西蒙妮讨论自己心中的这些期望，不想告诉西蒙妮自己希望两人以后也能长久在一起，因为他担心此举会浇灭两人在加勒比海上的激情。**有时候，我们会绝口不提自己想得到的东西，即便这意味着我们最爱的人也会被蒙在鼓里。

他们双方各自秉持的沉默契约导致彼此之间的期望出现巨大分歧，但两人都不去讨论假期结束后这段感情该何去何从，因而钱德勒对这段感情仍存有幻想。对西蒙妮和钱德勒来说，在假期中订下沉默契约是轻而易举的事情。毕竟，他们相互吸引，三观一致，而且两人相同的作家身份也让彼此的感情变得更为梦幻。两人都认为自己和对方是"可追求的对象"。不幸的是，钱德勒追求的是长相厮守，而西蒙妮却只想活在当下。所以，幻想在遇到现实后，瞬间就破灭了。我们通常会短暂逃离现实，以满足自己的情感需求，甚至是身体需求。但当我们深夜被真相惊醒后，又该何去何从呢？

打破沉默

从哪儿开始，该说些什么

西蒙妮并不清楚自己是否还要维持现有的婚姻，但她明白自己还未做好离婚的准备。她需要时间。虽然她和钱德勒之间并没有太多的问题需要解决，但他们两人各自都有很多需要学习的地方。他们可能没有足够的时间讨论加勒比海邂逅之旅，但如果他们曾花时间好好思考自己为何在加勒比海陷入感情旋涡，可能就会发现沉默契约才是这一切的根源所在。

他们可能使用以下句式展开对话：

- 我感到……
- 我有外遇是因为……
- 我以为你很清楚……
- 我以为……
- 我期望你会……
- 我之所以没有提这件事是因为……
- 我现在想要的是……

深入思考自己的想法和动机能让他们逐渐了解加勒比海外遇一事和家庭生活的关系。西蒙妮可以好好思考：为什么自己要撇下丈夫独自度假？为什么要冒着婚姻解体的风险出轨？为什么会发生外遇？一番自省后，她可能就会发现自己婚姻背后潜藏有好几份沉默契约。大家可曾想过不顾后果的选择背后是什么？当激情退去，我们通常不但要直面自己的所作所为，还要弄清楚背后的缘由。钱德勒将需要思考自己为何会如此冲动地和有夫之妇 —— 特别还是一位从未表态要离开丈夫的女性，产生情感纠葛。如此一来，他可能就会明白为什么在加勒比海上时，自己不愿将心中真正的渴求告诉西蒙妮。经过这样的自省，钱德勒很可能不再重蹈覆辙。他甚至还能接受此次事件中的美好一面 —— 专注两人美好的邂逅，而非痛苦的结局 —— 继续前行。

展望未来

西蒙妮和钱德勒的故事并非特例。迅速陷入短暂恋情的情侣们，通常只忙着颠鸾倒凤，而不去想两人的感情会有何结果 —— 或是根本就不会开花结果。西蒙妮可以借此经历确定自己婚姻的下一步该如何走，而钱德勒则可以借此感情纠葛进一步了解自己到底想和潜在的爱人建立怎样的关系和沟通方式。

性的力量

戴安娜和特洛伊

性关系既可以是促使双方灵肉合一的绝佳途径，也可以成为沉默、秘密和欺骗的天堂。有的时候，性关系的力量是如此强大，以致你会觉得自己被它控制了。数世纪以来，激情的性爱关系一直是文学作品和歌曲的创作主题，常常成为各种戏剧的中心内容。女主角试图挣脱一段感情的束缚，她向情人痛诉："我一直在等你，在仰望你。等到我都无法呼吸。你拥有了我，也控制了我。"但是情人的回答却让她惊诧："不，是你拥有了我，控制了我。我属于你。"上面这一幕常常会在晚间档热播剧中上演。疯狂的爱恋让两人都觉得自己被对方禁锢了，彼此都觉着自己无可救药地陷入了欲望的旋涡中，丧失了在其他层面构建关系的能力。两个人性吸引力的背后，是沉默契约在推波助澜，下文中戴安娜和特洛伊的故事就是如此。

　　戴安娜大二的时候在一家俱乐部邂逅了特洛伊。特洛伊高大英俊，声线迷人，她从未听过如此低沉迷人的嗓音。虽然特洛伊比戴安娜年长十岁，但两人都迷上了这一年龄差所带来的吸引力。彼时，特洛伊在一家小学做管理员，戴安娜则是常春藤学校的高才生，打算继续接受研究生教育，抱有强烈的事业心。但事业上的差距并不能阻挡爱情的脚步。两人之间的化学反应实在是太强烈了。

　　特洛伊向戴安娜要了电话号码，并在不久后——新年前夜——打电话给她。双方当天都已约了人，但特洛伊说他只是想过去看看她，哪怕一分钟也好——"就过去看你一眼"。这是戴安娜听过的最动人的提议。特洛伊第二天又联系她，不停诉说她的美丽动人之处，并提议两人去海滩玩。冬日海滩之旅——她好喜欢他的特立独行。两人当晚就发生了关系，沉醉其中。自此，两人就一直保持来往——这是一段以性爱为主导的关系——一月，两月……九年就这么过去了。

戴安娜的家人说，她总有一天会离开他。她的朋友说他确实酷，但配不上她。但特洛伊专注的目光和两人性爱上的和谐让戴安娜听不进他人的反对声，也让她忘了自己想要的是一段志同道合、三观一致、信念一致的感情，而她和特洛伊的感情完全不具备这些特点。但每当戴安娜开始自我怀疑时，特洛伊就会宽慰她，消除她的疑虑，并向她表达爱意，这让她能够容忍特洛伊丝毫不符合她对男人的要求这一点。他们每天做两次爱，周末的时候更是频繁。他们毫无共同之处，但却坠入爱河。多年来，他们极力忽视这段关系中的明显不足。这种"盲目的持久关系"并不少见。人们通常不去面对两人并不合适这一事实，而是放任自流，纠缠数年才会最终分开，徒留一身遗憾。

为了改变特洛伊，戴安娜开始指出他的不足之处。与此同时，特洛伊开始酗酒，吸食消遣性毒品。虽然两人之间的性爱一如既往地和谐，但两人之间的交流却越来越少。戴安娜开始感到痛苦，她意识到自己和特洛伊两人将永远无法进行知识上的碰撞和情感上的交流，她觉得自己更像是特洛伊的情人，而非携手一生的伴侣。之后，戴安娜得到升职机会，离开纽约前往罗得岛（Rhode Island）工作。异地相处让戴安娜最终承认自己一直在自欺欺人，一厢情愿地认为两人能够并驾齐驱，携手奔向未来，所以她结束了这段关系。两人都因此心碎不已。

追根溯源：背后的沉默契约

戴安娜无视两人关系失衡，无视这件事对她的重要性。她认为只要专注爱情和炽热的性爱即可（后者转移了她的注意力，让她没有深入思

考两人之间的差距问题），但同时又一厢情愿地希望其他事情可以自然而然地好转。实际上，戴安娜一直渴望体验一下被一个性饥渴的男人疯狂爱上的感觉。她相信，通过感官刺激和性爱吸引到的男人肯定会很爱她。她的朋友就是这样的。遗憾的是，她逐渐明白和特洛伊在一起就意味着她无法拥有自己想要的其他东西——两人肯定无法成为知识上的伴侣。虽然两人一开始的关系是建立在性爱上的，但她仍默默地希望两人最终能相知相交、志趣相投地携手前行。可事情并未如她期望的那般发展。

特洛伊漠视戴安娜对志趣相投的爱情的渴望，而是一直通过性爱表达自己的爱意。他把很多时间都花在自己拿手的事情上，比如，去看棒球比赛——这样他就可以传授棒球知识给戴安娜，和戴安娜去看电影或去门前散步，顺便抽支烟。他忽视自己内心深处一直想继续学习的无声渴求，反而屈服于自己对个人成长的恐惧。他越了解戴安娜及其家人，就越明白自己不是她真正想要的那种男人。但是他并没有尽力让自己成长，思考如何让两人的梦想更匹配。他和梦想之间隔着太多的岁月，因此他专注让戴安娜在性生活上感到快乐，因为这是他唯一能给的。毫无疑问，特洛伊不愿承认对自身不足的恐惧。如果重返校园提升自己，他可能会失败，同时也会失去退休金。这其实就是人们常说的：恐惧让一个人不敢去追求真正令自己快乐的东西。对失败的恐惧强化了他和自己的沉默契约——选择知足稳妥的道路前行，以免失败——而这也可能是他最后酗酒、沉迷于毒品的重要原因。

打破沉默

从哪儿开始，该说些什么

世上的分手方式各有不同。有的感情在抽泣声中结束；有的感情纠缠不尽，直至爱意消耗殆尽；而有的感情则突然破裂。但无论以哪一种方式结束，其背后都是沉默契约在作祟。如果你如戴安娜这般，觉得有必要在感情结束前和对方好好讨论这段关系，并且不会因此面临人身威胁的风险，就要先好好研究自身的沉默契约。如同之前说的那样，埋藏在你自身沉默契约背后的设想、期望和恐惧才是根源，是导致你一开始就愿意和他人订立沉默契约的原因所在。人们通常很难一步到位、迅速找到沉默契约的根源，不过，重要的是，使用特定的探索性语言迈开第一步。

尝试以下操作：聚焦当下这段关系，设定目标，了解沉默契约产生并得以持续的原因，使用以下句式（也可自行采用类似的句式）进行回溯探索，弄清自己的想法：

- 我感到……
- 我一直认为……
- 我从小就认为……
- 我以为……
- 我期望你可以……
- 我一直不敢谈论这件事是因为……
- 我现在想要……

比如，戴安娜可以如此完成上述句式：

我感到难过，我们之间的爱情和充满激情的性生活并没有让我们变得更志趣相投。**我一直认为**自己会找个势均力敌的伴侣携手一生。**我从小就认为**一段满意的关系是建立在强烈的爱欲和感官刺激上的，我的男人必须深深为我着迷；我和特洛伊的关系就是这样的。**我以为**我和特洛伊的关系会超越最初几个月的爱欲沉沦，并会一直深爱对方。**我一直不敢谈论这件事是因为**，届时我将不得不承认我其实明白这段关系并不会发生改变。我也不得不承认我对此要负很大的责任，因为我一直放任问题存在，拖着不去解决。**我现在想要**找个在性爱、学识及情感层面都和我门当户对的人相爱，共度美好人生。

戴安娜弄清楚这些问题，有勇气承认自己想摆脱这段关系后，便发誓自己会明确、坚定、谨慎地和特洛伊沟通。在这种处境下，自我对话时所使用的很多语言也会在你和对方沟通时起作用。记住，防御心理是阻止事情进展的一大障碍，在和对方沟通时，要始终谨防指责对方，避免使用"你应该""你没有""你从未"之类的字眼。你要勇敢地敞开心扉，坦陈自己的感受。

当你想打破沉默，你可以使用以下句式开启对话：

• 我觉得……
• 我一直以为……

- 我觉得我一直不去谈论这件事是因为……

- 我担心……

- 我想……

- 接下来，我希望……

两人对话期间，要尽力肯定对方的感受和想法，坦诚回应对方：

- 我能理解你为什么会有这样的想法。

- 你说到点子上了。

- 我懂你的意思。

- 我也有这样的感受，但我不知道该怎么和你说这事。

- 我真的很爱你。但我仍觉得有必要谈一谈，以免彼此受到更多伤害。

你也可以通过如下问题弄清对方的想法和感受：

- 你对此有什么想法？

- 这件事让你惊讶吗？

- 你觉得这么说合理吗？

- 你是否看出我们俩对此都有责任？

展望未来

过去九年，戴安娜多次尝试解决两人之间的问题。九年过后，她终于明白这段感情永远不会变成她所期望的样子，她别无选择，只能选择放手。她结束了这段恋情，也是到这个时候她才慢慢明白自己多年前就建立的沉默契约一直持续至今，让她深陷其中。如果她一开始就直面自己的内心，那她老早就会察觉自己身上的沉默契约，而无须浪费这么多年的时间才明白这份契约扰乱了她的生活和幸福。戴安娜如果继续保持沉默，可能会痛苦不堪，会认为自己将人生中最美好的岁月浪费在毫无结果的感情上。考虑到戴安娜对自己想要的未来有清楚的认知，将沉默契约从她生活中剔除才是正确的决定。她逐渐明白性爱的火花不一定能长久地滋养爱情。建立一段她期望中的长期关系需要更深层面的联结。这并不是说她和与自己价值观相同、求知欲类似的男子交往后，就不能拥有充满激情的爱情。她完全有可能找到满足上述两方面需求的爱情。现在，她知道自己绝不能因为性生活的满足而说服自己忽视其他缺失的部分。充满激情的性生活和压得她喘不过气的浓情蜜意只会带来一时的快感。她随后就会慢慢察觉到这样的关系并不能带给她情感上和学识上的满足。倘若她能从这段心碎的恋情中吸取教训，将来会更容易察觉到自己的性生活是否掩盖了某些重要的真相。

特洛伊现在也可以做出不同的选择。他满足了戴安娜的一半幻想。他沉浸在这段关系的性爱层面，以避免考虑和谈论他其实觉察到自己难以满足戴安娜的要求这一事实。专注两人关系的美好一面让他感觉良好，降低了他被否定的恐惧。现在戴安娜已经打破沉默，他可以考虑以下选择：（1）他可以营造一个不涉及评判的氛围，直面自己对个人成长的恐惧；（2）他可以试着找个要求不会超出他能力范围的女性生活；（3）不去质疑自己，而是再追求和戴安娜类似的女人，然后重蹈覆辙。

　　第二个选择——一段要求不高的感情——起初会让他感到满足，最终却会让他感到厌倦。第三个选择会让他和戴安娜 2.0 陷入爱河，在经历一段激情四射的恋情后，他可能会再次目送一位雄心勃勃的女人离开。但是，第一个选择让他可以追求自己的梦想。这些梦想过去长期被埋藏在心底，现在终于浮出水面，重见天日。

　　打破沉默，坦陈内心深处的期望和想法后，双方都可以选择从中吸取教训，以便将来做出更好的选择。

扼杀性生活的沉默契约

　　陷入情爱中的男男女女出于某些正当原因暂停性爱活动是很正常的，但这样的中断也有可能是沉默契约介入其中的迹象。激素问题、性欲低下或身心疾病都不是很多夫妻停止性爱活动的理由，沉默契约才是根源。人们通常会以逃避性爱的方式表达沉默契约。亲密的性接触活动会让他们变得脆弱，暴露真正的自己。但是，当人们尽力淡化甚至忽视两人之间的问题时，性生活也会随之消失，有时是几个星期，有时是几个月，有时甚至长达数年。他们试图通过逃避性爱这样的方式来掩盖两人关系中的亲密问题或控制问题，而在这种逃避情绪背后，往往是某种恐惧情绪在作怪。简而言之："只要我没有赤身裸体，就不会觉得自己无所遁形，被人看透。"

沮丧到直接放弃性生活

在这种情况下，双方都很沮丧，但通常都懒得采取行动，不管其中一方是否意识到沮丧心理已对双方关系造成影响。当然，情绪低落会让我们对平常喜欢的事物失去兴趣，而性爱可能就是其中之一。但面对性生活的消失，你们可能会以"蜜月已结束。都谈了五年了，失去"性致"不很正常吗？"这样的借口来说服自己。你们都心照不宣地选择漠视情绪消除这一问题，从而在心里和自己达成妥协，忽视性生活缺失所带来的痛苦。一旦接受"双方激情不再"这一设定，你们就不用面对"即使心情沮丧，自己也必须采取行动改善目前状况"这一事实。

我的另一半到底怎么了

肯尼和玛雅

肯尼和玛雅这对夫妻已经很久没有性生活了，久到他们都快忘了这件事了。肯尼是一名会计，玛雅以前是一名演员，目前在一所学校任教。两人青梅竹马，结婚已有十一个年头，生活安逸舒适（拥有一栋住宅，育有两个小孩，养了一条狗、一只猫，身边亲朋环绕）。两人生活充实，拥有很多美好的回忆。唯一的问题就是他们已不再做爱。

两人最初都被对方的热情和冒险精神吸引。彼时，玛雅梦想成为著名的女演员，成为百老汇舞台上的耀眼明星。肯尼则聪明风趣、活力四射、创意十足，梦想成立创新企业，让全世界趋之若鹜。但是，作为一个尽责的儿子，他遵从父母的意见，选择了一个毕业后不愁就业的专业。

　　两人大学毕业后就结婚，不久后就生下两个活泼好动的女儿。玛雅暂停自己的演艺事业，肯尼则暂时放弃创业的梦想，以让家人过上丰衣足食的生活。十一年后，他们的生活和最初梦想的激情冒险之旅有着天壤之别。但他们从未讨论过这一人生转折，所以沉默契约慢慢在两人之间滋长。现在，这些沉默契约不断扼杀掉他们的"性致"，也威胁到他们的婚姻。

　　玛雅想和丈夫做爱，但他似乎缺乏"性致"。玛雅告诉自己要慢慢来，她试着点燃蜡烛烘托气氛，穿上性感的内衣让自己更有魅力，但这些努力都以失败告终。玛雅之前也试着和肯尼讨论这事，经常会找各种借口为他开脱："亲爱的，我知道你最近工作很辛苦，但……"只是，两人的对话一直都是不了了之。肯尼是一位深爱妻子的好丈夫，他会否认自己感到疲劳过度，而是微笑地回应玛雅："亲爱的，放松些。我们会解决这一问题的。一切都会好的。"听到自己的女性朋友讲述她们不断减少的性生活时，玛雅会心生困惑，因为和她不同的是，自己的女性朋友才是逃避性事的一方。肯尼的保证却让玛雅一直抱有希望。她告诉自己，她将肯尼逼得太紧了，自己也确实需要放松。就这样，一个月过去了，两个月过去了，两人仍没有性生活。最后，玛雅不得不承认自己并非性饥渴，只是很生气。

追根溯源：背后的沉默契约

　　和其他类型的沉默契约相比，借由纵欲（或禁欲）来表达的沉默契约通常很快就会引起双方的注意，因为它和双方的脆弱性和亲密性相关。消失的爱欲和性事清楚地表明，一些未曾言明的事情在玛雅和肯尼两人之间作怪，企图发出声音。玛雅默认**她已拥有美好的家庭生活，所以无权抱怨性生活**。这样的内在妥协反映了她艰辛的成长过程——每当她提出更多的要求时，别人就会指责她是个"自私、不知感恩"的人。周边的人经常提醒玛雅，肯尼是一位理想的丈夫，肯尼也一再温柔地向她保证事情"很快"就会如常。所以，她在心中不断说服自己，当其他一切都很美满时，无私的妻子不应抱怨她的性生活。但玛雅逐渐开始觉得自己的需求被忽视了，并且尴尬却不失勇敢地承认这件事——自己的身体对肯尼失去了吸引力，遭到了肯尼无视——这事伤透了她的心。

　　而肯尼也在心中默默告诉自己要像父亲那样，做个好丈夫、好父亲。父亲总是告诉他："真男人会把自己的情绪、感受放在责任感之后。"所以，尽管婚姻让他感到不快，没有成就感，他仍一心一意地扮演好丈夫的角色。肯尼小的时候，父母都忙着上班，他每天放学后都得急着跑回家照顾弟弟，所以他从小就认为人要对家人负责。彼时，他别无选择，父母对他如何看待自己身上的责任感也不在意；所以，他带着这种"别无选择，一定要对家人负责"的信念以及随之而来的窒息感，和自己所爱的女人订立沉默契约。虽然他很爱玛雅，不想失去她，但他从未想过两人的生活会如此平淡无奇。他为两人无力缔造一段充满激情的婚姻感到悲伤，也为玛雅似乎接受他们目前这样的传统婚姻感到沮丧，所以，他越来越冷漠。即使偶尔和玛雅过性生活，他也提不起"性致"。肯尼发现压抑自己的性冲动让他对似乎已失控的生活产生了控制感。

　　这就是沉默契约运转机制的有趣之处。虽然它们令你痛苦不堪，但也会提供间接好处，比如让你获得控制感。肯尼越压抑自己对妻子的性冲动，就越会觉得自己能掌控住生活——至少掌控住一部分。他通过回避性生活这一方式表达自己对玛雅的愤怒，愤怒她变成安于现状的家庭主妇——和当年他爱上的活力四射、自由奔放的年轻女子有着天壤之别。每当玛雅对他们缺乏性生活表达不满时，肯尼就会感到兴奋，因为这时候的玛雅似乎又变成了他多年前爱上的那个热情的、令他惊叹的女人。沉默契约带给玛雅的好处则是，她可以抛掉"肯尼完美无缺"的想法——既然他已不再爱她，那就无所谓完美无缺这事了。而既然肯尼已不是完美丈夫，她也无须成为一位完美爱人和完美主妇。肯尼在她眼中的形象越不完美，她对重拾早年演艺生涯成为全职演员这事就越不焦虑。这一梦幻理想已被他们"完美"的中产阶级生活追求埋藏。显然，沉默契约给他们带来的好处并不能弥补性生活缺失所带来的遗憾，但这就是沉默契约的讽刺之处：它们会成为你们关系中的一部分，不停制造问题，但同时也满足其他一些你们未说出口的潜在需求。如果打破沉默（揭露两人的沉默契约），双方就可以开始携手创造真正想要的生活——爱和幸福，以及健康的性生活。

打破沉默

从哪儿开始，该说些什么

同样地，在和另一半讨论沉默契约前要先内省。你首先要诚实地了解导致你一直沉默的潜在假设、期望、恐惧和不安。挖出沉默契约的根源总需要一个过程，但关键的第一步是通过某些特定的探索性想法，敞开心扉，如寻常那般进行自我对话。

可以试着这么做：借助本书第40页提到的七大句式，完成自我探索。要专注当下出现问题的关系，以了解沉默契约产生并一直持续的原因。

对于玛雅来说，她可以使用相关句式如此内省：

我感到难过，觉得自己被肯尼拒绝了。**我一直认为**充满激情的性生活是婚姻的一部分。**我从小就觉得**对女人来说，拥有善良忠诚的丈夫和健康快乐的儿女是一件非常幸运的事情。**我以为**我们的性生活开始褪色后，我的丈夫会很努力想要改变状况。**我一直不敢谈论这件事是因为**我不想肯尼生气，或者让他把我推得更远。**我现在希望**我们经常沟通，大胆说出自己的想法，弄清楚我们之间存在的问题。**我现在想要**健康、爱意绵绵的性生活。

探索完自己身上的沉默契约，做好准备和另一半沟通之后，你可以通过很多方式开启对话。比如可以先发出邀请："让我们聊五分钟。"如果刚开始只是和对方简短沟通一番，第一次对话或许就没那么吓人。

当你想打破沉默时，可以启用以下句子开始对话：

- 我觉得……
- 我一直以为……
- 我觉得我一直不去谈论这件事是因为……
- 我担心……
- 我想……

· 接下来，我希望……

记住，要真诚地回应对方，肯定对方的感受和想法：

· 我能理解你为什么会有这样的想法。

· 这对我来说是个全新的观念，我会认真考虑它。

· 你说到点子上了。

· 我懂你的意思。

· 我也有这样的感受，但我不知道该怎么和你说这事。

别忘了通过这类问题厘清对方的想法和感受：

· 你对此有什么想法？

· 这件事让你惊讶吗？

· 那你觉得我该做些什么才能帮到你？

· 你觉得这么说合理吗？

· 你觉得我们两人要如何改变才能双双获益？

记住，冰冻三尺非一日之寒，你们的沉默契约是酝酿已久的产物，自然也很难快刀斩乱麻，迅速得到解决。另外，要谨防沟通疲劳问题，第一次谈话时，要随时做好结束的准备，这样双方就都可以花点时间消化对方说的话。接下来，双方可能会进行更多的对话，但对很多人来说，第一次对话是最具挑战性的，所以为自己勇敢迈出第一步喝彩吧。

展望未来

玛雅当然不想离婚，她只是想结束目前这种无性婚姻状态。但她先前试图恢复两人性生活的努力并不够 —— 她一直温柔地要求，而肯尼也一直温柔地拒绝。沉默契约掩盖了两人内心的恐惧 —— 对无法拥有各自所渴望的人生及婚姻生活的恐惧。如果他们继续放任沉默契约持续下去，那将会面临两大痛苦：他们无法过上渴望的生活，他们的无性婚姻也会一直持续下去。最好的解决之道就是两人同意坐下来讨论他们性生活中出现的问题，而这可能会以不自在的谈话拉开帷幕。

健康的性生活在于沟通。夫妻之间应该经常交流彼此对这段婚姻的感受，因为沉默会让原本简单的小问题如滚雪球一般，越滚越大，越滚越复杂。你是否知道自己的另一半感到无趣、生气或沮丧？你是否想让另一半听到你未曾满足的需求？你是否一直将一些消极想法压在心底，以避免两人发生冲突？你是否专注于其他事物，以逃避两人之间的对话？你是否通过发泄情绪来表达你心中未说出口的想法？你是否正变得麻木不仁，甚至封闭自己？

常言道，熟能生巧。所以经常讨论彼此的感受、希望、疑虑和需求的夫妻可能会发现随着时间的推移，两人之间的对话越来越轻松。在开启真正的对话后，玛雅和肯尼不但能开始真诚地倾听彼此的需求，也愿意承认彼此针对对方所采取的行动，并随即停止这些危及两人关系的行为。这样的对话让两人受益匪浅，远超他们的预期。除了重拾性生活，玛雅还开始重新考虑自己的职业追求，不再被 —— 自己应该过着传统的中产阶级生活，接受预料之外的无性婚姻 —— 这样的想法所束缚。玛雅的变化也让肯尼兴奋不已，两人之间也因而更加"性福"。两人新开启的坦诚沟通也让肯尼松了一口气，他不用再费心追求完美，不用再费心扮演完美爱人。他目前所扮演的丈夫或父亲的角色也不是他自我选择的结果。肯尼需要大胆探索，重新定义丈夫和父亲的角色。他和玛雅两人现在已开始坦陈彼此的期望、欲望和梦想，有了妻子的支持，他可以更自由地探索自己的角色了。

中老年夫妻的性危机

性生活仍是不可缺少的一部分吗

也许吧！这完全取决于你自己。如果你人到中年，甚至更老，可能会发现自己魅力大不如以前；你刚开始时可能会很沮丧，但一定不要因此贬低自己。请记住，你现在就像一条年长而睿智的大鱼，正在进入新池塘，开启新的跑道罢了。现在就是你活出风采、避开不健康的沉默契约的时候了。

现在让我们来看看格温的故事。格温正面临中年危机。除了两个已成年的孩子，她还有一个孙子，但她却越来越感到孤独。随着退休年龄的逼近，她担心自己以后会更加孤独。她已多年没有恋爱，担心自己再无坠入情网的可能。三十岁离婚后，格温重回学校任教，用自己微薄的薪水一手将两个儿子拉扯大，让他们能够住在安全的社区，体面地长大。那个时候，她也会偶尔渴望浪漫的爱情，但这样的想法经常一闪而过，因为她需要专注应付生活的压力。

　　格温曾偶尔独自外出旅行或约会，但从未碰到让她可以自如地向儿子介绍的男人。她曾和一位婚姻不幸的邻居谈过恋爱，但两人的感情最后以惨败收场；自此之后，她就开始逃避爱情。她完全失去自信，不再相信自己是一个迷人的女人。但如今，格温开始重新考虑未来。她想坠入爱河，但她已许久不和人约会，缺乏自信，她该如何实现这一愿望呢？

　　她在一次读书会上向朋友征求意见。大家倾囊相授，提出很多好点子，比如参加教堂聚会、加入志愿者服务、外出旅行、结识失恋人士。她的很多朋友都在网上和人约会，他们鼓励格温也建立网上档案，加入其中。格温开始振作起来。还等什么呢？是时候重塑自我，拥抱重新苏醒的性需求了。在朋友的帮助下，她报名参加了萨尔萨舞（salsa）课（每周一次）和伸展训练课程，还找到几家超赞的大码内衣店。她甚至开始化妆。格温终于变得开心起来，变得神采奕奕。她开始察觉到男人注视的目光，这令她欣喜不已。

　　然后她遇到了路易斯，并体会到了怦然心动的感觉。路易斯有五个孙辈，才退休不久。没错，路易斯已开始谢顶，体重也过胖了些，穿得土不拉几，视力也不好，不戴上眼镜的话，连一米五以外的东西都看不清。但他体贴风趣、乐于助人，而且他也想谈恋爱，并被格温吸引。两人克服各种障碍，发生了关系。浪漫的灯光和音乐、有趣的服装也让两人的性事变得更为热情。虽然性事并没有格温所期望的那般频繁，但路易斯的爱意弥补了这一点。两人相处和谐，彼此照顾，过得很是开心。格温从来没有这么幸福过。她终于找到了真正的爱人，两人各方面都很合拍。

追根溯源：背后的沉默契约

格温在抚养儿子的时候，默认做个好母亲就是她的需求。她给人的印象就是，她无欲无求，只想做个尽职的母亲和学校老师，而且她多年来一直无视自己的性需求。如果继续忍受这一切，一心扑在儿子身上，那她将只能拥有她所默认的那种中年生活和情感生活。当然，她会含饴弄孙，尽享天伦之乐，但她会一直意识到自己忽视了很重要的一部分女性需求，从而抱憾终生。

打破沉默

从哪儿开始，该说些什么

诸如格温这样，开始觉醒，意识到自己那长期未满足的需求的人，首先要承认自己想要更令人满意的生活。为人父母／祖父母是一大责任，是一项伟大而又美好的工程，但生活不应只限于此。如果你将自己的需求搁置太久，想重新拥有激情满满的性生活，就必须首先审视自己的需求，探寻自己之前为什么没有优先考虑这些需求。你可以通过以下句式同自己展开对话，重新认识自己：

- 我觉得……
- 我之前以为做个好母亲／父亲……
- 过去这么多年一直都没有性生活意味着……
- 我以为……

- 我担心……

- 我过去没有想方法改变性生活状况是因为……

- 我现在想要的是……

当我们诚实面对自己，审视自己如何以及为何会进入某一状况／模式，并且继续陷入其中时，就会更了解自己身上的沉默契约。弄清这些沉默契约的来源后，未来我们就更有可能避开这样的不幸。

展望未来

格温必须改变，改掉之前的行为模式。在朋友的帮助下，她意识到是时候采取行动，让自己尽享爱情、性生活以及伴随而来的乐趣了。她必须克服对自己体重、年龄、漫长空窗期的恐惧。她只需鼓起勇气尝试一下看看。从她发觉自己有可能再度拥有充满活力的爱情的那一刻，她就开始了摆脱以往的沉默契约和苦难的尝试。她现在告诉自己，欣赏自己的过往成就，同时也要继续前行，誓要成为风趣迷人、性感美丽的女人。格温对这样的新生活充满热忱，所以她很快就找到了拥有类似人生观的伴侣。

权力和控制：当性成为武器

在两性关系中，性也经常被当作谈判筹码来使用。在这种情况下，你对另一半很生气，但却不想着直接解决问题，而是以终止房事来惩罚对方。宽恕对你来说很难，因为你身上背负了这样一个沉默契约——任何人都要为自己的错误付出代价，所以你通过性惩罚这样的方式行使你的权力。在这个沉默契约下，你会持续为性惩罚寻找借口，例如，"我近来没有性欲""他又不是为了我才那么做的"。

同时，你的另一半可能也一直默不作声。他可能拒绝承认你的性惩罚让他感到沮丧，因为承认自己的沮丧就可能意味着他要承认自己的需求，从而导致他将主动权交到你身上，这就是他的沉默契约。这种情况下，你的沉默契约和性惩罚完美地契合在一起；你觉得他做错事了，所以以中断房事的方式惩罚他，而他也不打算求和，双方就此陷入僵局。这样的僵局可能会无限期地持续下去。

当你想打破沉默时，可以使用我们讨论过的一些句式开启对话：

- 或许是我，但……
- 我们可以通过别的方式讨论这件事吗？
- 我想我一直对这件事避而不提是因为……
- 我真正担心的是……
- 告诉我，你从哪儿得出……
- 从现在开始，我们可以多做些……

同之前说的那样，要肯定对方的感受和想法，真诚回应对方：

- 我能理解你为什么会有这样的想法。

• 你说到点子上了。

• 我懂你的意思。

• 我也有这样的感受，但我不知道该怎么和你说这件事。

记得通过这类问题探索对方的想法和感受：

• 你对此有什么想法？

• 这件事让你惊讶吗？

• 你觉得这么说合理吗？

• 你是否看出我们俩对此都有责任？

两人功能失常的沉默契约就像共事的邪恶搭档，它们想携手让你们的卧房变为寂寞的寒室。不管你是实施性惩罚的一方还是被惩罚的一方，都要尽力无视相关的侮辱和伤害，打破沉默和对方对话。

乞怜者和刻薄者：隐藏真正的问题

通常，当彼此都对对方既感到愤怒又想亲近，不知如何应对时，就会出现"乞怜者和刻薄者"的情况。即"刻薄者"（男方）因某一双方不愿承认的问题生气，通过性惩罚展现怒火。若被惩罚的女方不敢披露自己的怒火，而是默默同意男方通过性惩罚展现怒火，就会化身为"乞怜者"一方，两人关系由此变成刻薄者和乞怜者之间的对峙局面。同时，扮演刻薄者的男方可能也难以展现自己温柔的一面。毕竟，他虽然愤怒，但仍爱着对方。但对他来说，和直接披露自己的愤怒相比，变相展现自己的怒火似乎不那么咄咄逼人；直接披露意味着他可能要承认——他害怕自己令她失望——这一可怕事实。所以，他中止性爱，她成为乞怜者，忍受无性生活。两人的沉默契约也因此完好无损地维持下去。

在这种情况下，两人之间暗潮汹涌。乞怜者和刻薄者之间的紧张局面无关权力，而是和被否定的感觉有关。两人当中，只有一方在表达愤怒，另一方则默不作声。如此的互动让双方的共同目标——逃避双方之间出现的更大的问题——得以达成。

显然，两性关系中的沉默契约若一直得不到解决，就会引发沮丧、失望情绪，妨碍双方关系发展。我们万不可忽视它们对我们性生活所造成的影响——失去亲密感、愉悦感、幸福感和生活乐趣。因此，请和对方保持沟通，向对方敞开心扉，同时也要积极自省。

第四章

金钱背后的沉默契约

我们的金钱观所引发的情绪可能和我们坐拥多少财产无关，而是和我们的成长环境、自我认知，以及爱情、安全感、独立、权力和控制方面的问题有关。我们大多鲜少思考自己为何会通过这样、那样的方式去花钱，但我们经常借由花钱做决定，表达我们未说出口的感觉。有时候，这些未曾言明的感觉对我们的财务状况毫无影响。但有时候，它们却会催生沉默契约，不但给我们造成财产损失，还会损害我们和爱人、同事，甚至与自身的关系。这样的沉默契约有的时候会给我们带来严重后果。毫无疑问，蒂娜和道格之间的故事就是如此。当你看到他们两人的挣扎，看到他们因为不清楚对方金钱方面的期望、信念和经历而产生冲突时，你可能会感同身受，察觉到自己在人际交往中也存在类似的问题。

我算是明白了

蒂娜和道格

蒂娜和道格两人因一场大学足球赛结识。当时，道格的兄弟会成员和蒂娜的姐妹会成员都要在中场休息期间进行表演。他们的表演响彻全场，带着"一切皆有可能"的憧憬，个个都活力四射，恣意张扬。蒂娜和道格两人很快就互相产生了好感。随着聊天的深入，两人越来越被对方吸引。他们惊喜地发现两人有许多的共同点：都爱运动，都准时上教堂，都个性开朗。两人几乎在同一瞬间对彼此产生怦然心动的感觉——"就是这个人了"。两人坠入爱河后，经常一起跳舞、旅行、约会、参加家族聚会，或是晚上偎依在沙发上看电影。历经六年爱情长跑后，他们终于喜结连理。

婚姻头五年，一切都很美满。蒂娜沿着两人过去坐在沙滩上分享未来梦想时所勾勒的职业宏图前行，一路畅通无阻。她拿到了教育学硕士学位，在学校任教数年后终于被提拔为校长。受人尊重，薪水丰厚，蒂娜坚定地沿着自己规划的职业路线前行。

道格的情况则完全不同。怀揣企业家的梦想，道格致力于创办自己的企业。他先攻读了研究生商业课程，然后和几位朋友合作，集思广益，想出不少点子。

在接下来的十年时间里，他先后创立了房屋油漆公司、承包公司、搬家公司；他还进行过其他尝试，但每次持续时间都不长。每隔一年半左右，他就会想出一个"更大更好的"点子。道格总是喜欢追求新鲜事物——新工作、新课程、新项目。变化让他充满活力。

在这期间，他们生了两个孩子，还贷了一大笔钱买了一栋房子。刚开始几年，蒂娜对他们的生活很满意，是道格最大的支持者，相信道格早晚会找到让他持之以恒的事业。但十年过去了，两人都无法否认他们的婚姻已变得剑拔弩张。两人就道格的商业眼光吵翻了天，但吵来吵去都没有吵出个结果，到最后他们都不再谈论这件事。蒂娜内心越来越痛苦。两人在一起的时间越来越少，性生活也几近停摆。蒂娜告诉丈夫（以及她自己）她这么精疲力竭只是因为工作罢了。道格也开始出入当地酒吧，经常喝得烂醉如泥，还和其他女人调情。有一天深夜，道格回到家中，发现蒂娜坐在漆黑的家中，和他相对无言，两人都无法回答"我们到底为何会沦落到这种境地"这一问题。

追根溯源：背后的沉默契约

蒂娜和道格两人的抱负和恐惧成为孕育他们沉默契约的完美土壤。其中，**道格为逃避对失败的恐惧，默许自己拒不承认他可能永远无法创业成功这一事情**，这是道格所背负的沉默契约。虽然家庭经济困难是道格创业失败造成的，但蒂娜也是这份沉默契约的缔造者之一。十年来，蒂娜一直对自己心中的恐惧——道格在财务上可能永远无法和她平起平坐——保持沉默。**两人都默认蒂娜会支持道格创业，这将证明蒂娜是一位特别的女人，总是对她的男人不离不弃**。这一契约内容对蒂娜和道格两人产生的影响特别深远，因为两人都认为，即便道格一直事业不顺，他们的婚姻也能因此得到拯救。

打破沉默

两人之间的情况看着令人沮丧，你也许明白两人的婚姻为何会沦落到如今这步田地。你是否和自己的爱人、朋友或家人有过同样的争执？

你可能经常发现自己在一段关系中是负责任的一方，对方经常忘带钱包，忘了还钱给你，或希望你为家庭出游赞助经费。是时候解开你和自己以及他人订立的沉默契约了！成为负责任的一方是否让你得到某种满足？你也许不想承担一切费用，也曾抱怨过此事，但是你的沉默契约让你无法停止这种行为，因为你其实享受做个有钱买单的人。问自己一个简单的问题："我从中得到了什么？"这会让你逐渐明白，你和自己订下的那份沉默契约已成为你和爱占便宜的朋友、家人或伴侣关系中的一部分。当然，一个巴掌拍不响，这样的互动状态得以保持，对方也有责任，所以他们也需要探究自己内心未曾言明的想法。可能他们有这么一个沉默契约：借助他人满足自己的需求，这样自己一开始就不用努力，不用体会失败的感觉，或者他们嫉妒你经济上的成功，通过让你支付一切来表达自己的嫉妒之情——"接招吧，阔小姐！"不管掩藏在你和自己以及他人的沉默契约之下的是什么，内省永远是第一步。

思考蒂娜和道格婚姻背后的问题时，我们可以看出两人追求类似的生活方式，并希望两人能同舟共济，1 + 1 > 2。蒂娜的计划是稳打稳扎、可预期的职业道路，从而确保财务安全。与预测截然不同的是，道格则梦想自己经过一片未知的征途，最终成为一名伟大的企业家。当他一路追逐梦想时，蒂娜的稳定收入减轻了他心中的恐惧。但是，他从未想过蒂娜有一天也会对他失去信心。

蒂娜对于自己（作为道格）支持者的角色特别敏感，因为她成长于一个看不起男人的女性家庭。她曾发誓要找个自己信任的男人共度一生，一路支持他。但是，她一直没有认清自己和道格的状况；如果道格的事业一直没有起色，那她的支持能坚持多久？她从未想过这会成为问题所在。

第一步：藏在我沉默契约背后的东西

当陷入金钱方面的沉默契约中，你该如何处理？更重要的是，如何从一开始就防止自己掉入金钱方面的沉默契约？如上文提到的那样，首先要内省，努力挖掘潜藏在你人际交往中的金钱观。以下练习将会让你更清楚自身沉默契约的内容，从而为后续对话打下基础。

练习指南：在下文金钱观饼状图（the money pie）中，相继写下你对以下问题的回答。一定要在每个区域填入自己相应的想法和感受。谨防自我审查，答案没有对错、好坏之分。如果你进行本练习时能坦然面对自己内心深处的妥协，将会对自身所携带的沉默契约产生更好的了解。

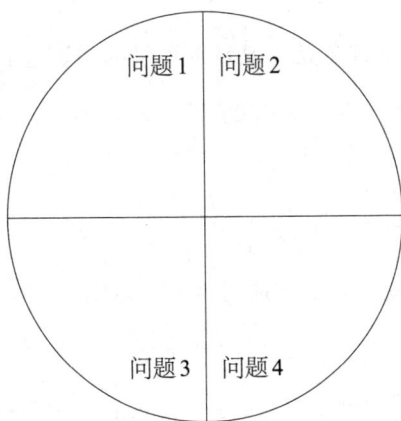

信念和感受

- 成长过程中，我在金钱方面的所见所闻有哪些？
- 成长过程中，我对金钱有何感受、想法？

• 假如我有一百万美元，然后又失去这笔钱，那我有何想法、感受？

• 假如我失去一百万美元，但我最珍视的东西还在，那我有何想法、感受？

例如，以下是蒂娜的回答：

成长过程中，我在金钱方面的所见所闻：成为职业人士，拥有一份稳定的工作，过上舒适的人生。

成长过程中，我对金钱有何感受、想法：金钱是夫妻冲突和婚姻不幸的根源。

假如我有一百万美元，然后又失去这笔钱，那我有何想法、感受：我会崩溃。

假如我失去一百万美元，但我最珍视的东西还在，那我有何想法、感受：只要我的家人都在，那我就能放下这件事。

道格的回答则是：

成长过程中，我在金钱方面的所见所闻：给人打工无法让自己过上想要的生活。

成长过程中，我对金钱有何感受、想法：我想要更多的钱。

假如我有一百万美元，然后又失去这笔钱，那我有何想法、感受：我会继续努力，将失去的钱再挣回来。

假如我失去一百万美元，但我最珍视的东西还在，那我有何想法、感受：我会觉得我让家人失望了。

现在请你在图中写下自己的答案。慢慢填，别着急，这样你才能看清背后的答案。

最后，回答以下问题，这样你就能全面了解自己在金钱方面的沉默契约了。

期望和假设

提示：回答时记得思考你的回答是否相关联，以及关联是如何产生的。

我当前的财务状况和我理想中的财务状况有多接近？（以 1 到 10 的评分来衡量，1 为完全不接近，10 为完全接近。）

为了达到我理想中的财务状况，我需要 / 期望我的另一半做些什么？

你和伴侣各自完成以上练习后，可以一起讨论彼此的答案。但你们能做到吗？直入沉默契约的核心内容，意味着你们找到了谈论彼此的财务和感受的勇气。以蒂娜和道格为例，两人实在难以抑制各自的怒气，所以根本不能开启建设性的对话，更别说持续讨论了。你可能会发现自己陷入了同样的困境，因为人和人之间的金钱问题通常是个沉重的议题，会引发各种激烈的情绪。所以务必先营造出氛围，让双方能够安心，不带指责和评判地讨论各自未说出口的恐惧和担忧。你们准备进行对话时，可以按照以下几条指引做好准备。

双方各自

记下以下问题的答案：

- 我想从这次对话中得到什么？（回答一定要具体。）
- 我愿意为这次对话做些什么？（回答一定要具体。）
- 我对坦率真诚的对话有什么样的恐惧？
- 我需要我的伴侣为我做什么，从而让我可以和他 / 她进行坦率真诚的对话？（要指出伴侣要做的具体事项。）
- 我可以为我的伴侣做些什么，从而让他 / 她可以和我进行坦率真诚的对话？（指出具体你可以做的事情。）
- 写下三条陈述，以此驳斥你对伴侣的批评 / 看法。

双方一起完成以下事项

- 挑选对话时机，确保你们对话时都不会感到疲倦、分心或被打扰。例如，雇个临时保姆照看孩子，关掉手机和其他科技产品；在静谧、素净的地方进行对话，然后要用心倾听彼此的心声。
- 制定倾听规则。比如，轮流说话，各自用五分钟时间倾诉自己的想法，对方不能打断。
- 限定谈话时长。这点很重要，可以帮助你们避免"对话疲劳"现象。如果你愿意，可以安排后续对话时间。

对话准备

- 彼此分享上述问题的答案。
- 针对伴侣的答案进行提问。
- 复述伴侣的答案，确认自己没有误解对方。
- 采用各种方式，尽力和对方交流，以鼓励对方尽可能直率地回应。

例如，你们可以这么说——"我听到你说……""我对你说的话理解得对吧？""还有什么地方我没有理解到位吗？""了解你的想法对我大有帮助"。

进行对话

　　一旦为安全、坦率的对话做好准备，你和伴侣就可以坐下来对话，逐步揭开破坏你们关系的沉默契约。你们现在可以讨论彼此在填写金钱观饼状图的过程中所得到的启示。这部分的对话旨在帮助你们明白，成长过程中有关金钱的所见所闻是如何体现在彼此日常花钱、存钱、赚钱和亏钱的行为模式上的。在讨论答案的过程中，你们可能更容易识别自己在有钱／没钱方面所持有的更深层次的信念和感受，更容易察觉自己在"金钱在人生中扮演何种角色"这一议题上所抱有的更深层次的设想和观念。这一讨论也有助于你们厘清彼此所重视的其他人生事项。例如，蒂娜和道格可能会发现彼此都把家人放在最重要的位置，但两人对巨额财富所代表的意义有着截然不同的理解。这将帮助他们全面了解双方为何对道格挣扎的创业之路有截然不同的反应。

　　有哪些东西是你和伴侣都很珍视，能够帮助你们克服金钱观上的差异，取得共识的？带着你们从讨论中得到的洞见，针对你想达到的财务状况进行探索，弄清双方在这一问题上的立场。在探索过程中，你还需要弄清妨碍你实现财务理想的障碍。如果做不到这点，你可能就无法顺利揭开自己在金钱方面的沉默契约，因为你所面临的这些障碍通常能反映出你们彼此的沉默契约在哪些方面达成了一致，哪些地方存在分歧。通过探索处理金钱时，你的行为有多符合你的信念，及你对自己和伴侣的期望，你能更清楚地认识到双方的分歧所在。你可以从以下几方面着手，进行探索：

- 你的行为在哪些方面符合或背离你在金钱处理方面的观念？
- 伴侣的行为在哪些方面符合或背离你在金钱处理方面的观念？
- 你的行为在哪些方面符合或背离你对自身赚钱或存钱的期望？例如，"尽管我希望我的薪水每年都有可观的增长，但我爱人的薪水很高，所以我就一直从事薪水固定、不怎么加薪的工作"。
- 伴侣的行为在哪些方面符合或背离你对他／她赚钱或存钱的期望？例如，"我期望她有一份稳定的收入，平等负担家庭开支，但她不停地换工作，钱老不够用"。

如果你喜欢通过图表的方式呈现信息，你可以绘制表格（如下所示），将上述问题的答案分别填入其中，以此帮助你理解自己和伴侣一致／分歧的地方。它也能揭示你一直默认的东西，告诉你这些默认的信念、想法哪里不妥，甚至有害。通过这种方式探索沉默契约也有助于你们生出团结一致的感觉，因为你们会一起制作图表，合力厘清双方的关系是如何被金钱方面的沉默契约所破坏的。如果发现对于你们的财务关系你又陷入原来的分歧和不满中，不妨将表格备份作为参考。该表格可以让你看清自己在信念和行为上的一致和不一致之处。

	我的信念	我的期望
我的行为		
伴侣的行为		

展望未来

金钱方面的诸多挣扎反映的是其他难以识别或讨论的问题，所以揭开金钱方面的沉默契约有助于你更全面地了解自己的伴侣。对道格和蒂娜来说，深入挖掘、探索隐藏在他们看法背后的问题，让他们得以确认彼此都珍视的东西，并且更加理解对方。蒂娜能够分享自己对她家中女性的看法。目睹父亲和深爱的叔叔不受妻子尊重的场面后，她陷入焦虑、难过的情绪中。她和父亲很亲近，她的父亲善良而又富有爱心，但母亲的强势让蒂娜担心父亲有朝一日会离开她们。这一恐惧让她多年里对道格的事业沉浮一直保持沉默，不敢说出自己心中的想法。

了解蒂娜的过去后，道格一再保证他对蒂娜的承诺从未改变过。通过探索自己的成长过程，道格也更了解自己。他的父亲和社区里的其他男人都在当地工厂不辞辛劳地上班，但经济状况从未好转过。他不想再过这样的生活，誓要取得成功，尽管他对自己非常没有信心，担心自己可能无法超越父辈的表现。但是道格相信无论发生任何事情，一个贤良的妻子都要支持自己的丈夫。

在对自己和对方有了更深一层了解后，蒂娜和道格得以重建他们的沉默契约，当然，还有消除两人之间的沉默。蒂娜能够直言她希望道格找份工作，分担家用，如果他做不到，她会毫无保留地向他指出。她让道格明白，直接向他道明心中的担忧也是一种支持，这有助于两人达成一致意见。同时，道格也最终确定自己的事业目标，包括让自己事业起步的发展框架，其间贡献给家庭账户的具体数额。明白蒂娜仍支持他后，道格感到更有动力弄清自己的努力方向。归根结底，道格想让妻子放宽心，让她有安全感。

你和伴侣确认各自持有的观念、期望以及认定的规则后，就可以没有后顾之忧地进行沟通了。这能将你们从那些不合宜的观念和期望中解放出来，自在地谈论金钱问题。一旦揭开并了解了彼此的沉默契约，即使你仍保留自己对金钱的某些看法，也可以更顺畅地和伴侣达成共识。然后，你们就可以拟定新的、适合你们彼此的契约。

金钱和工作：问题出在薪水上还是我身上

有的时候，金钱方面的沉默契约也会产生于职场，它通常和薪水以及其他福利报酬有关。揭开这一领域的沉默契约稍微有点棘手，因为其中涉及的薪水讨论和协商基于你的工作内容而非个人财务需求。要求加薪时，即使心中如是想，你也不可能直接告诉老板："我的薪水让我连个像样的保姆都雇不起。"你必须明确指出自己的工作贡献，让它成为加薪的筹码。同时，你要谨记自己的个人需求和愿望。所以，尽管你的公司会根据工作定薪酬，你也要专注思考自己的薪水如何影响你的生计、你对舒适生活的渴望，当然对一些人来说，还有对奢侈生活的渴望。

如果你很幸运，赚的薪水足以满足你的各种需求，那你大概会发现自己的沉默契约和地位、自尊、应得的权利或公平相关。但如果你的薪水事关个人基本生存问题，那你的金钱沉默契约可能反映了你内心深处"誓要成为人上人"的想法。当然，年薪百万的高管和薪水微薄的餐厅员工都可能受到"不惜一切代价摆脱贫穷"这样的沉默契约驱使。因为我们的早期生存状态奠定了沉默契约的基础，所以我们对要赚多少钱、是否获得百万薪酬或只赚到微薄的薪水这些事情的看法都很容易受到沉默契约的影响。这些沉默契约折射出了各种观念和期望。以下来看德里克的案例。

我值得更高的薪水

希拉和德里克

二十多岁的德里克是一位才华横溢的年轻人，效力于纽约一家小型非营利机构，该机构专为重病儿童设计各种艺术项目。虽由精力充沛、擅长交际的父母抚养长大，德里克为人却很安静，认真严肃。他心地善良、创意十足，朋友普遍认为他很聪明。

德里克工作努力，专心完成机构交给他的任务。他其实并不满意自己的薪水（初级职位级别），但机构承诺等到壮大后会为他加薪。而且，他确信帮助病患儿童改善生活所带来的回报远比薪水多少重要得多。德里克的父母是热心的芝加哥社区活动家，"帮助别人会让世界变得更为美好"这样的观念贯穿了他的整个成长过程。

四年里，德里克努力推动所在机构发展。但四年过去后，他心力交瘁，沮丧不已。他只能和三个室友挤在一起，窝在脏乱的小公寓里吃面条；公寓在五楼，所在大楼连个电梯都没有。朋友一直让他提加薪要求或干脆另找一份薪水更高的工作。他们知道德里克想帮助别人，但他们也希望他能尽享二十多岁的大好年华，不用为金钱烦恼。

德里克最终接受朋友的建议，向老板希拉提出加薪。希拉也才三十出头，为人随意，不拘小节。她很有同情心，大多数员工都把她当作大姐姐看待。两人会面后，德里克讲述了自己过去四年的成就，并补充说自己想继续留在机构工作，但只有更高的薪水才能将他留下来。希拉反驳说他们的机构为忠于机构使命的人开放，而不是为在意金钱的人开放的。她提醒道，比他工作年限更长的员工也没有加薪，而且他们真的相信自己可以帮到那些不幸的人。她最后还告诉德里克，自己对他提出加薪一事感到失望，想知道他是否觉得自己大材小用。

德里克真是气疯了。他指责希拉是个冷血动物，对他以及其他为机构付出巨大心血、帮助机构取得成功的员工毫无感激之情。他说希拉对他加薪需求的回应简直是"意图对他进行洗脑的废话"，然后气势汹汹地离开她的办公室。认为自己会失去这份工作后，德里克开始整理东西准备离职；几分钟后，却惊讶地听到希拉正朝他的办公室隔间走来，随身戴的手镯一路发出叮叮当当的声音。满脸通红，但神情仍一派镇定的希拉对他说道："我觉得我们并不了解对方。你能到我的办公室谈谈吗？"

追根溯源：背后的沉默契约

德里克怀揣改变他人生活的希望加入该机构，很高兴自己能成为机构底层中的一员，希望自己能帮助它不断壮大。他虽然并非物质主义者，但仍希望自己能赚到足够的钱，可以和朋友一起外出玩耍，时而出去看场电影，或者出去约个会。但是他总在内心深处告诉自己：**我不需要很**

多钱，因为帮助他人本身就是一种回报，这就是他的沉默契约。而希拉则是这份契约的联名签署者。因此，她暗示德里克是一个自私的人后，德里克一反常态地予以回击。

在成长过程中，德里克的父母一直都是充满热忱的活动家，经常会由于各种原因忽视独生子的需求。对于他的棒球赛和辩论赛，他们经常迟到，甚至直接缺席。他们还差点错过德里克的高中毕业典礼，因为当日早些时候，他们要帮忙组织选民登记活动。当德里克抱怨父母的缺席时，他们总会说他太自私了。母亲甚至会教育他，说其他人需要他们的帮助，她很失望德里克没有认识到自己是多么的幸福。

希拉的成长过程让她很容易就成为这一沉默契约的另一方；她无须在意赚不赚钱的问题，因为她负担得起。希拉出身富裕，父母认为她从事非营利工作简直是疯了，尤其她还是个筹款小白。在他们看来，希拉还不如直接捐钱给信任的慈善机构。尽管如此，他们仍借给她十万美元作为启动资金；而且希拉也可以向她富有的朋友募集善款。希拉追逐梦想时，住在公园大道（Park Avenue）豪宅区的家人总是笑着摇头。不过她向来有能力支付各种账单，没有德里克那种强烈的财务不安全感。只要她有需要，一通电话，家人的钱就接踵而至。

考虑到两人截然不同的成长背景，德里克和希拉要如何才能了解他们之间的沉默契约？就是它让两人陷入荒谬的境地，既让德里克身心俱疲，又妨碍希拉公正地补偿她的员工。显然，是时候打破沉默，修订契约了！

打破沉默

你可能和老板有过类似的对峙局面，或者你仍因为太害怕而不敢提出加薪要求，拿到你应得的工资。这些冲突通常都源于沉默契约，发生的原因也不尽相同。如果你本身是个不敢主张自己需求的人，那在进行薪资谈判时，你可能会处于劣势，导致你对加薪不抱奢求。和男性相比，女性通常不太主动要求加薪，这可能是她们将传统社会观念——女性应该矜持无私——内化为对自己的要求所导致的结果。又或者，你总是将别人的需求放在首要位置，导致你很难相信自己应该加薪。毕竟，如果你总是将自己摆在需求清单末位（而且这么一个需求清单总是存在），那毫无疑问，你会发现自己很难专注于自己的金钱需求和金钱欲望。事实上，这么做反而让你感到轻微的不安，好像金钱欲望是人格缺陷的表现，证明你很自私似的。可这恰恰就是你内心和自己达成的沉默契约，它让你迟迟不敢要求加薪，拿不到自己应得的工资。

或者你出身富裕，因而你不太确定真正的自己能否被他人接受。你可能向来厌恶自己的家庭财富成为他人的焦点，所以暗自发誓不会将之作为炫耀资本。这导致你尽力掩盖自己的真实家境：穿着邋遢，出没于经济不发达的城区，选择"和平民群众打交道"以及薪资微薄的工作和事业。你甚至对自己优渥的家境反应过度，对金钱问题非常敏感，避免任何有关金钱和加薪的话题，特别是当涉及你自己时。当他人对赚取更多的金钱表示感兴趣时，你的反应可能就如希拉那样。

如果你发现自己在争取合理薪酬一事上陷入挣扎（内心天人交战，或是和老板直接发生冲突），那表示你可能已背负了沉默契约。你可以通过探索冲突中让你恼怒或失望的事情来揭开它的面纱，因为最失望的事情往往包含了你的期望和信念。你可以从最容易识别的元素——你的失望入手，往前回溯，就此踏上沉默契约揭示之旅。

询问自己

- 此次冲突 / 对峙让我失望的事情是……？
- 我原本期望……？
- 我身上哪些信念 / 想法导致我期待此事会有不同的结局？

　　你的回答可能会揭开你和对方冲突背后所隐藏的期望。当你尝试和老板或主管对话，找到上述问题的答案时，记得要采用和工作场所一致的语气。开篇就承认自己的期望，然后询问对方对此事的看法，将有助于你推动对话的进行。诸如以下的说法——"我感觉你对此有不同的看法""到目前为止，我们仍无法打破僵局，找到解决方案，我想我们俩都有点失望"——可能会促使双方敞开心扉进行沟通。记住，此次对话是为了揭开你们的沉默契约，该契约反映了你们对合理薪酬、工作价值以及它们的金钱衡量标准的看法。达成这一目的后，你就能进一步了解到错位的沉默契约是如何导致你们无法达成妥协、解决分歧的。

　　对于上述问题，德里克的回答可能如下：

- 对于没能加薪，我很失望。
- 我希望能加薪，而不是被侮辱。
- 我相信帮助他人本身就是一种回报，但我认为我的需求也很重要，应该得到公平对待。

希拉的回答则可能如下：

• 对于你要求加薪，我很失望。

• 我期望你能接受自己目前的薪水，因为你了解帮助别人给你带来的满足感。

• 我认为钱并不是那么重要，因为金钱很少让人快乐，也不会促使人们真心想要改变这世界。

展望未来

德里克和希拉花时间回答上述问题后，开始了解双方的沉默契约有很多相似之处，但并未涵盖对方所面临的各种问题。德里克直言不能因为帮助别人，就无视他的加薪需求。他意识到自己对希拉发飙时，自己的心情同当年双亲为社区工作无视他的需求时一模一样。希拉指责他自私一事让他很受伤，因为他觉得自己很无私，毕竟他做了那么多的工作，结果拿到手的薪水却少得可怜。不过，当他意识到双方的冲突是当下的加薪问题，而非孩提时代对父母的失望之情时，他开始为自己怒吼希拉一事道歉。

希拉也借此明白，双方都主张帮助他人，但她因出身优渥，不太看重钱财。她也承认自己还有点鄙夷金钱，因为她不想成为自己所认识的"假面慈善家"——这些人捐钱只是为了避税，实际上他们从不愿意动动手指干点实事，帮助那些需要帮助的人。看到两人的沉默契约虽有相同元素（帮助他人的需要），但藏有不同的条款（和起因）后，希拉和德里克开始抛开儿时经验，坦然面对各自的需求和期望，重建契约。这个新契约认为拥有金钱和帮助他人可以共存，双方都不应回避／评判对方的需求。对此，他们都深表赞同。

当你试着揭开并走出沉默契约时，记住双方的沉默契约通常只有部分一致，这也是事情变得更为复杂的原因所在。在这种情况下，双方的沉默契约通常存在相似的基本信念（例如，渴望帮助他人），但在如何通过行为展现这些信念方面存在不同看法（例如，需要薪酬 vs. 不要薪酬）。这一复杂性令探索职场金钱冲突背后所隐藏的期望和失望变得更为重要。如果花时间进行探索，就能找到双方理念契合的地方，也更容易就双方沉默契约中的冲突部分找到解决方案。

在你离开之后

阿兰娜和克莱拉姨妈

三十五岁的阿兰娜心地善良、工作勤奋，她的姨妈是圣地亚哥家族最受欢迎的克莱拉。克莱拉友好务实，说话出了名的直接、不绕弯。除了隆多，其他甥侄都很喜欢环绕其膝下。和阿兰娜以及其他优秀出色的兄弟姐妹和表／堂兄妹相比，隆多连份稳定的工作都没有，总是麻烦不断。他只有有所求时，才会出现在克莱拉姨妈面前。

阿兰娜自孩提时代起，就和姨妈很亲近。她经常在姨妈的卧房里玩耍，摆弄房内的手工娃娃或浏览姨妈的时尚杂志，一待就是好几小时。当她因为戴眼镜和牙套被同学嘲笑时，是克莱拉姨妈不断安抚她。这些年来，阿兰娜从姨妈身上学到很多东西，一直很欣赏自尊自爱的姨妈。所以在克莱拉姨妈因心脏病病倒后，阿兰娜想去照顾她。

阿兰娜搬到姨妈家中同住。虽然这是一段情感上备受煎熬的时期，但她很珍惜和姨妈共度最后岁月的机会。姨妈向她讲述了圣地亚哥家族往日的荣耀和伤心岁月，有些故事她之前从未听人提起过。其间，阿兰娜对姨妈的坚强信念也有更深的理解——正是这些信念让姨妈勇敢对抗病魔，坦然面对生死。

两年后，克莱拉姨妈撒手人寰。整个家族都伤心欲绝，相互寻求支持。葬礼过后不久，大家开始整理克莱拉姨妈的家，并找到她的遗嘱。克莱拉姨妈生前在金钱方面是出了名的谨慎，投资精准，很有可能留下一大笔储蓄。不过，当大家发现她账户上竟留下一百二十万美元时，仍是惊诧不已。更令人诧异的是她的遗产分配方案：克莱拉姨妈将大部分遗产赠送给了教堂，剩下的则由游手好闲的隆多继承。阿兰娜，过去两年来，克莱拉姨妈最为依靠的人，没有得到一分钱，而家族麻烦隆多则拿着十五万美元潇洒地离开。

阿兰娜伤心不已，也很困惑。难道不是她一直在打点，满足姨妈的每个要求吗？难道不是她离开家，推迟恋爱，调整工作行程在家办公，以便随时满足姨妈的需求吗？尽管薪水丰厚，阿兰娜还是不能理解为什么姨妈一分钱也没留给她。随着时间的流逝，阿兰娜对隆多的憎恨也与日俱增，并开始怀疑自己对克莱拉姨妈来说是否真的很特别。

追根溯源：背后的沉默契约

阿兰娜之所以对姨妈的遗嘱惊诧不已，是因为背后有沉默契约在作怪。对阿兰娜来说，克莱拉姨妈的遗嘱否定了"双方对彼此来说都是特别的存在"这一说法。她心烦意乱之下忘记了沉默契约的关键之处：这和钱或是她特不特别完全无关。**她和姨妈的沉默契约如下：你帮我，是因为我们之间有着特殊的感情，并且相互欣赏**。虽然阿兰娜对此深表赞同，但她对遗嘱的反应表明她需要承认自己心中还有其他想法，比如：**我们之间的特殊的感情会通过留给我的遗产体现出来**。这怎么可能呢？阿兰娜在照顾姨妈期间，或是之前，都从未想过克莱拉姨妈的遗嘱。但是，沉默契约就是这样，可能多年来一直静静地躺在那里，然后有一天突然浮现，令人震惊。

打破沉默

通常，当有家族成员去世时，旧伤、怨恨以及未解的冲突都会浮出水面，加重亲人离世所带来的痛苦。在得知姨妈的遗嘱前，阿兰娜一直很满意自己在姨妈最后岁月所扮演的角色。但看完遗嘱后，阿兰娜深觉自己未受姨妈欣赏，非常受伤。但做完后文练习后，她渐渐恢复平静；后文练习专为帮助人们克服亲人离世之痛而设计。如果你也面临这一问题，那回答后文问题也将对你有所帮助。请尽量使用简洁、明确的词汇回答问题。

- 我从这段关系中得到了什么？
- 我为这段关系付出了什么？
- 这段关系中的哪部分对我来说已经终结？
- 这段关系中的哪部分对我来说还在继续？
- 亲人离世后，我对这段关系还有什么期望？
- 我的期望是如何受到挑战的，我对此有什么感受？

对于以上问题，阿兰娜的回答可能如下：

- 我从这段关系中获得无条件的爱、陪伴、人生教训、乐趣、赞赏以及一种特别的感觉。
- 我在这段关系中付出了时间、陪伴、无条件的爱、照顾和赞赏。
- 陪伴、时间、乐趣、照顾和特殊感，对我来说已经结束。
- 对克莱拉姨妈无条件的爱和赞赏，以及从她身上汲取的人生经验，仍在继续。
- 我期望克莱拉姨妈走后，我仍能感到无条件的爱、赞赏和特殊感。
- 发现克莱拉姨妈一分钱也没给我后，我不再感到自己是特别的或是受到赞赏的。

每个问题都能让你聚焦痛失重要亲人对你影响重大的一个方面。当亲人离世和对金钱的期望同时出现时，我们的焦点往往会转移到能拿到多少遗产上。但务必要了解，有时候，遗产分配并不是为了彰显相关关系的重要性，它经常只是在表达内心无声的感受、信念和期望。

展望未来

阿兰娜在进行这项练习后不得不承认，"姨妈认为她是特别的存在"对她而言非常重要。她的姨妈一直是独立女性的榜样，这帮助阿兰娜变得自信，善于把握机会，取得事业成功。除此之外，阿兰娜一直沉溺于这样的感受中——对姨妈来说，自己比其他任何一位亲戚都要特别。这就是她难以接受姨妈将遗产分给无所事事的表兄和看着并不是很喜欢的教堂的原因。阿兰娜在探索自身沉默契约的过程中意识到，她一直期望她在姨妈心中的特殊地位可以在遗产分配中得到体现。当她意识到，自己才是将金钱和这段非同寻常的亲情相挂钩的人时，她感到好受多了，也摆脱了自己的沉默契约。

你可能并没有等着看最爱的亲人离世后，是否会在遗嘱中分配遗产给你。但是，你很有可能和家人或朋友有金钱往来，其中就可能涉及相关的沉默契约。你的沉默契约可能在你和身边诸人互动时发挥影响，比如，借钱给你或向你借钱的朋友，不承担家用或不搬出去住的成年孩子，你的前任配偶——用你无力负担的奢侈礼品宠坏孩子，只为成为孩子口中的"风趣的爸爸"……可能你的沉默契约和好朋友的借贷观念不一致——她可能期望你"借钱"给她时没想着要回来。你和已成年的孩子也可能早已默默达成协议，尽管你不停地抱怨他们为什么不搬出去住。在这种情况下，你们虽然未说出口，但可能心中都觉得只要他们住在家中，表现得像大孩子，家人（包括你）就不用面对变老的恐惧。还有，你的前任配偶——可能在深入思考后你不得不承认，你们俩多年里一直在默默争抢"孩子最爱的人"这一头衔。

不管你和自己或他人的沉默契约是什么，相关冲突都会让你意识到它们的存在。即使没有公开的冲突，记录金钱流入、流出动向，弄清金钱流入谁的手中、背后是否有隐情，都对你大有帮助。

记住，对于涉及金钱方面的沉默契约，金钱可能只是主题，但往往不是问题核心所在。

你的底线在哪里

金钱方面的沉默契约很容易伪装成金钱或财务习惯方面的问题。如果你能怡然自得地管理自己的财务，可能会觉得自己没有金钱方面的沉默契约，但这其实是种错觉。不要这么笃定！正如你所看到的那样，对自己、对童年、对父母以及对生活的看法都会影响你的金钱处理方式。当你在人生道路上遭遇财务危机时，提醒自己你自身对金钱有何看法、设想和期望，将对你有所帮助。在转型过渡时期，你可能要直面自己的财务决定及其背后的沉默契约。在结婚生子、职业变更、买房以及退休这些人生重要时刻，金钱方面的沉默契约都会浮现。在这些必然涉及金钱的重要时刻，了解自己对金钱的期望和设想是很有帮助的。一旦意识到这些，只需深入思考一番，你便能顺利地做出决定。以下问题将告诉你该如何审视自己的金钱观。

我对金钱的看法：

- 我什么时候开始有这样的看法？

- 相关看法背后的回忆是什么？

- 这一看法是否可靠？

- 是否可以从其他角度重新审视这一看法？

我对金钱的设想：

- 我的这一设想是建立在什么基础上的？

- 我该如何检验、确认这些设想是可靠合理的？

- 我可以向谁请教？我该如何评估我的设想？

- 如果我的设想是合理的，那我有什么感受？

我对金钱的期望：

- 我的期望是否现实？

- 现实和我的期望是否相符？

- 为什么相符 / 不相符？

以上述问题为指引，你将会发现自己目前处理的金钱事宜背后都有迹可循。

成长过程中所习得的金钱经验会对我们生活的方方面面造成影响，常成为触发事件或争论焦点。因此，沉默契约必然会在这一领域出现，影响我们对金钱的处理方式，影响我们和他人的财务往来。但是，我们不必受到金钱或与其相关的沉默契约的摆布。只需稍加努力，探索相关的沉默契约，我们就可以摆脱以往的习惯、观念和期望，与金钱，以及受到我们财务处理方式影响的人，建立更健康的关系。

第五章

承诺背后的沉默契约

"他们分手了，因为约翰不想结婚。"

"迈克尔总是同时和几个女人交往。"

"我觉得翠西亚不会和凯文同居，因为她害怕承诺。"

这些听着是否耳熟？

犹如披着羊皮的狼，害怕承诺也经常乔装打扮，披着各种面纱出现。例如，我们大概都知道的有一种感情专一但伴侣换个不停的人，他们能和一个人交往上几年，可一旦对方要求更多，就会立即抽身而去。然后就是那种恋爱如走马观花的人，他们的恋情经常在持续几周或几个月后，就会以某个"合理"的理由结束。当然，还有一些人游戏人间，根本不想拥有真正的恋情，只是享受追逐、征服的状态，然后快速结束这个过程。

在有一方逃避承诺的交往关系中，通常都有沉默契约介入。但是逃避承诺这件事，不只出现在浪漫恋情中。你是否见过换工作如换衣服的人？这种人找到一份新工作后，通常只干一段时间就会辞职，理由就是"老板不可理喻""工作没有成就感"。不停跳槽让其事业发展受阻，但是他或她却拒不承认两者之间的联系。还有一种创业人士，他们点子不断，从一个方案转到另一个方案，却在创业项目正要腾飞之际和商业伙伴闹翻。这两种职场人士逃避承诺的背后，都有沉默契约在作怪。

那些原地踏步、一直得不到升职的职场人士也带有沉默契约。蜷缩在办公室隔间二十年、内心却一直渴望拥有自己办公室的女性面临的是另一种承诺问题，她的沉默契约将她一直困在隔间的办公椅上。因为在心中默默告诫自己千万不要得罪公司，她不敢展现自己的事业野心，不敢果断采取行动，全身心投入其中去实现自己的梦想。在上述情况中，沉默契约损害了人们全力实现目标、成就事业或追求爱人的能力。

人们出于各种原因逃避承诺，而恐惧是一大原因所在——担心自己的能力胜任不了，担心自己变得脆弱，担心暴露真正的自己，担心个人有所不足。我们可能先入为主地认为维持恋情太难或它会对我们提出诸多要求，又或者担心那个人并非自己的"正缘"，而逃避承诺。另外，承诺到底意味着什么？我们对这一问题的看法也会导致我们逃避承诺。沉默契约通常是上述逃避行为的核心所在，好在只要竭力追求良好的沟通和行为，人们便可以改变自己的处世模式。这种改变往往需要勇气，但它让人生变得更有成就感。

我们将对以下三种承诺进行辨析，以此举例说明沉默契约在其中所扮演的角色：

- 对观念／构想或思维方式的承诺，即执着于某种观念或思维方式。
- 对关系的承诺，即你在心中对某段关系存在一定的设想，比如双方如何互动、走向未来等，然后执着于自己心中的设想，觉得这段关系就应该是你脑海中的这个样子。
- 尽管面临挑战，但仍对某一特定人士许下承诺。

有关关系构想的承诺：婚姻篇

鲍勃和妮娜

鲍勃高大英俊、大胆风趣、富有魅力，是一个典型的万人迷。他目前的女友妮娜，是一位聪明开朗的年轻女子，总是无视鲍勃和其他女人调情，原谅他偶尔的劈腿。她告诉自己这就是和万人迷恋爱所要付出的小代价。妮娜虽对鲍勃的背叛伤心不已，但相信假以时日，鲍勃终会浪子回头。她觉得鲍勃既然选她做女友，那就说明她是一个很特别的人，她相信很多女人都想拥有他。

鲍勃也一再告诉妮娜，她是"唯一对他有意义"的女人，这让妮娜觉得自己更为特别。鲍勃珍视妮娜的忠诚，因为他也强烈渴望自己在妮娜心中是特别的存在。他不断地拈花惹草，以此测试妮娜的忠诚度。他并不在意妮娜偶尔的不满，反正她总是会原谅他，暴风雨总会过去。

几年之后，妮娜开始怀疑两人的恋爱前景，不知道这段关系能否维持，是否应该坚持下去。随后，鲍勃再次劈腿，于是她决定离开他。鲍勃认为无论发生任何事情，妮娜都会一如既往地爱他；但这次她的不满过于强烈，他害怕妮娜真的会离开，于是便向她求婚。尽管直觉不对，妮娜还是接受了求婚，相信鲍勃既然愿意做出承诺，那两人的关系将会朝新的方向前进。

事情的走向不难猜测。刚开始几个月，两人对新生活——乔迁新居、装潢房间、作为新婚夫妻招待亲朋好友——兴奋不已。然后，鲍勃又开始单独外出。刚开始，只是"出去和朋友聚聚"，慢慢地，开始深夜才回家，到最后索性彻夜不归，而且连个解释都没有。妮娜好几次发现他撒谎，很是愤怒不满。两人一起外出时，鲍勃一如既往地当着她的面和人调情，惹得妮娜抱怨不已。很快，两人不再觉得自己对对方来说很特别。事实上，这段感情最终以痛苦收场。

追根溯源：背后的沉默契约

鲍勃和妮娜的故事是人们对某种感情观念做出承诺的典型例子。鲍勃的想法是，婚姻可以确保妮娜永远爱他。对妮娜而言，婚姻则意味着鲍勃会成为忠诚的伴侣，只关注她。问题是，他们对婚姻的设想和看法与两人的实际相处情况几乎毫无相似之处。记住，当鲍勃求婚时，妮娜已经开始考虑离开他。这清楚地表明就连她的忠诚度也正在减少，而且鲍勃的种种行为已向她表明他不是那种会忠于妻子的男人。他可能会变得谨慎，但不会完全忠诚，这点妮娜心知肚明。两人都非常看重促使双方最终结婚的沉默契约：**两人都默认，只要两人在一起，彼此都会觉得自己很特别**，这是他们难以从自己身上得到的感受。

看完他们的故事，你可能会问：鲍勃真的想结婚吗？他真的想成为妮娜的丈夫吗？可能不想。事实上，鲍勃娶妮娜是为了不失去她。但他无意改变自己的行为举止。他迷恋调情和劈腿／出轨所带来的刺激，妮娜的容忍让他误以为自己对妮娜来说真的很特别。他"承诺"和妮娜结婚，但从未承诺满足妮娜 —— 他的求婚意味着他最终会成为忠实的伴侣 —— 这一期望。而作为另一方，妮娜也从未打算满足鲍勃心中的期望 —— 她会无条件地爱他，因为她的爱其实是有条件的，其中之一就是他不再劈腿/出轨。因此，妮娜执着的对象是自己的感情观，并非鲍勃，她是向自己理想中的丈夫 —— 那个不会出轨的丈夫 —— 承诺会无条件地爱他，不是向她真正的丈夫 —— 鲍勃 —— 做出如此承诺。

打破沉默

从哪儿开始，该说些什么

如果你也曾面临这样的情况，那鲍勃和妮娜的故事会让你明白为什么这段感情最后无法持续下去。这两人都试图获得对方无法提供的那种特殊感。他们需要明白要如何从自己身上获得这种感觉，而不是让对方背负这一责任。正如我们所有人一样，一旦能欣赏自己的内在价值，他们对这段感情的看法可能就不会如此扭曲。到那时，鲍勃可能会停止和人调情或劈腿，因为他不再觉得自己有这种需要。不过，即使鲍勃拥有不少优秀品质，他和妮娜可能最终还是会分道扬镳，不管他婚后是否停止调情或劈腿。因为，妮娜一旦学会欣赏自己的价值，大概还是会决定找个脚踏实地、不太耀眼、不在意自己是否能引起其他女人注意的男人。两人肯定不能像现在这样持续下去，否则别指望会快乐。他们需要抛掉目前的沉默契约 —— 这是两人数年愤怒、不信任和痛苦的根源。

假设你现在也处于这样一段关系中，不过不同的是，你和对方都试图去解决两人之间的分歧，那该怎么做？你们可能需要花时间进行坦诚深入的沟通，讨论婚姻对各自的意义、各自对婚姻的期待，以及各自对两人共同生活的设想。在本案中，妮娜必须明确指出鲍勃一定要停止调情和出轨。而鲍勃需要诚实回答他是否愿意或能够做到这点。他也需要表明自己对"无条件的爱"的真实想法，而妮娜必须决定自己能否或是否愿意认同鲍勃的想法。他们如果能就两人关系中彼此真正想要的、都能给予承诺的地方达成一致意见，就可以调整对彼此的期望，打造健康长久、切合实际的新关系，从而让两人能彼此忠诚，信守对这段新关系的承诺。

不论两人是否愿意维持婚姻，他们都是接受婚姻治疗的最佳人选。但在接受治疗前，他们可能会先尝试你在本书中看到的经典句式，自行沟通：

- 我觉得……
- 对我来说，结婚意味着……
- 当……，我感到很难过。
- 我觉得我一直避而不提这件事是因为……
- 我想要……
- 接下来，我希望……

然后，他们可以使用以下句式进行陈述，以体现彼此都在努力理解对方的感受和想法：

- 我能理解你为什么会有这样的想法。
- 我懂你的意思。
- 我不知道你会这么想。
- 我会努力想象你对此的感受。

- 我明白你……

他们也可以通过以下问题弄清彼此的想法和感受：

- 你对此怎么看？
- 这让你感到诧异吗？
- 你觉得这么说有道理吗？
- 你是否明白我们为什么不能继续这样下去？
- 我们能否找到中间立场，达成共识，或者你是否愿意求同存异？

展望未来

妮娜和鲍勃两人都需要尽力建立独立于两人感情之外的自我价值观和特殊感，学会认同自己。这也是心理咨询和治疗能够帮忙的地方。两人过去的沉默契约，很有可能在不知不觉中被触发启动，导致他们无力自行解决这一问题。两人的一大错误在于他们都认识不到自己的价值，需要向外界寻求认同。假设你将自己的价值建立在他人的观念和行为上，那当对方不再支持你时，该怎么办？若他／她直接消失或背叛了你，又该怎么办？

妮娜和鲍勃默默地带着两人过去对恋爱的期望进入这段感情，这导致两人都深受影响，所以接下来，他们需要坦诚审视这些期望，看双方能如何调整对对方的期望，创造两人不一样的未来。如果两人离婚，那他们之后可能会拥有新的恋情；为了新恋情的健康发展，两人需要更了解自己，更了解自己无意识中带入新恋情的沉默契约。两人未来也可能和新伴侣结婚，为了能拥有幸福的婚姻，他们都必须成为更好的沟通者；这可以通过和新伴侣讨论双方心中未说出口的期望来达成。人们通常认为讨论感情中的问题和现实问题，即感情得以维持的条件，会破坏双方的感情。但事实上，这是维持感情的最好办法，可以确保你和伴侣对这段感情有同样的憧憬，而不是抱有完全不同的幻想。

需要指出的是，有些夫妻会选择继续维持不忠的婚姻。通常，文化、宗教、社会方面的压力是这些夫妻做出如此决定的原因。当双方认为，婚姻中有比忠诚更重要的东西（比如，在当地的社会地位、经济稳定等）时，即使缺乏忠诚，他们也会选择维持婚姻。这样的夫妻通常会找到方法让婚姻得以持续；与此同时，双方都默默同意放弃个人满足感，以支持他们和其他人所持有的婚姻观。妮娜绝不能接受对婚姻不忠，所以她需要向鲍勃或以后的伴侣清楚地表明这点。

妮娜和鲍勃在不成熟和行为失当方面似乎有点过于典型，但从某些方面而言，他们代表了掩藏在婚姻背后的基本问题。你和伴侣可能一同宣读婚姻誓言，但你们往往并不是在同一时间或以同样的方式进入这场婚姻的。也就是说，有的时候，其中一方信守婚姻承诺的能力可能较差，可能会跟不上另一方的步伐。同样，双方对婚姻制度的看法可能也不一致。而在你们想法不同步的同时，各自的沉默契约又在一直影响你们对婚姻承诺的看法，这样的结果就是，到最后你可能会觉得自己和另一半所追求的婚姻并不一样。

对关系的承诺：职场篇

马克和杰里米

有的时候，个人间的重大承诺要视关系本身的性质而定。你们可能相互在意，相互尊重，同时又对某一特定关系持有不同的看法。对于职场关系上的承诺，不管双方关系是否理想，甚至是否健康，职场是双方得以联结的主要原因。职场关系上的承诺，有的时候会阻碍你的事业发展。杰里米的例子就很好地证明了这一点。

杰里米上大学前曾在商人马克手下做实习生，马克后来又成为杰里米的老板。马克觉得杰里米个性成熟、工作勤奋，所以邀请杰里米在大学暑假期间继续为他工作。等到毕业后，马克直接让杰里米进入他的公司工作。马克的知遇之恩让杰里米心怀感激，他一直兢兢业业地为马克工作。多年来，马克经常对他说："我们将一起成就伟大的事业。"这样的肯定让杰里米工作起来更是卖力，当然也取得了回报——他在公司步步高升。公司甚至还资助他去读研究生。

几年后，杰里米想离开公司独自发展，比如自己创业。当他透露这一想法时，马克总是挥手反对。"不用考虑这件事，"他说，"你在这儿干得很好，我们俩会一路将公司事业推至高峰。"但是，杰里米却对自己的未来发展有不同的想法，而且他已着手和以前的研究生同学讨论一起创业的事。

马克得知他的计划后，表示自己很失望，觉得自己被背叛了。尽管如此，他还是为杰里米加薪升职，甚至让他去公司新成立的子公司工作。

杰里米很苦恼，不知道该怎么办才好。

追根溯源：背后的沉默契约

杰里米和马克两人默默达成约定：双方可以信任彼此，总是尊重对方的专业性，坚定地支持对方——这是两人共同的沉默契约。马克未说出口的附加条件是他期望杰里米能终身对自己保持忠心，但这不是两人共同的约定，不在两人的沉默契约中。随着时间的流逝，彼此对这段关系的投入也越来越多。杰里米对离开公司一事感觉复杂，因为马克就像他的父亲，他非常感谢马克为他所做的一切。对马克来说，这段关系也很重要，他从杰里米身上看到了自己的影子。马克致力于帮助这位年轻的企业家成就事业，一直都希望杰里米以后会成为他的接班人，掌管公司，他相信杰里米会将他的事业继续发扬光大。

打破沉默

从哪儿开始，该说些什么

两人对双方关系的理解及其承诺有很多相似之处。两人之间的沉默契约多年来也运转良好，两人对彼此的尊重和支持就证明了这点。但就目前状况而言，这段关系对双方的意义已不复往年，他们都需要承认，提供加薪升职和内部发展机会并不能解决双方沉默契约所面临的核心问题：事已至此，是时候让杰里米离开去发展了。

当一段关系涉及工作和生计时，处理双方沉默契约一事就会变得复杂棘手。在你开启对话解除误会前，我们建议你按照以下方式进行准备：

- 写下你的想法和感受，厘清此次换工作所面临的机会和阻碍。

- 和自己信任的职场导师讨论此事，这位导师必须以你的利益为重，并理解职场上的弯弯道道。

- 和家人或在职场外认识的人讨论此事。他们可能理解你的人际关系处理模式，有助于你明白为何对关系的承诺会妨碍你做决定。专业的职场指导也可能帮到你。

按照上述步骤进行准备后，你就能理解目前所面临的处境，改变你一直以来对这段职场关系的看法了。有的时候，这些揭示沉默契约的对话会带来巨变，但也可能会很激烈，令人痛苦（若你对如此坦率直接的对话还未做好心理准备）。所以，在和对方开启这一敏感对话前，不妨先提示对方。当然预先排练也是个好主意。为了促使自己打破沉默，你可以先使用下面的句子进行练习，以便能更顺利地和对方开启对话：

- 我很感谢……

- 对我来说，这段关系意味着……

- 我期望……

- 我想我一直避而不提这件事是因为……

- 接下来，我希望……

对话期间，要尽力肯定对方，让对方觉得你对他／她感同身受：

- 我能理解你为什么会有这样的想法。
- 我懂你的意思。
- 我之前应该说得更清楚些。

你也可以使用以下句子探明对方的想法和感受，这有助于你确认双方是否都理解彼此的立场：

- 你对此怎么看？
- 你觉得这么说有道理吗？
- 你认为我们可以解决这一问题吗？

展望未来

对马克和杰里米来说，这项共同承诺有他们都重视的部分。他们可以借着这些共同立场，通过更灵活的方式来表达和维持双方的承诺。谁知道呢？说不定，两人在杰里米追求个人事业发展时还能通过其他方式进行合作。与此同时，马克在了解到自己对下一代企业家的培养发展做出了巨大贡献后，也会深感欣慰。

类似的努力也可能会给你的职场关系带来积极的成效。当你认识到自己和对方的沉默契约，并与之交谈后，你们双方就能找到办法维持相关承诺，让彼此都受益。一旦你坦承自己内心深处对职场关系的期望和设想，便能更清楚地了解什么样的承诺可以有效推动双方关系的发展。

对关系的承诺：爱情篇

吉尼瓦和兰斯

有时候，一对夫妇／情侣对两人关系的承诺基于他们对这段关系的清醒认识，而非对两人感情的幻想。比如，一些夫妻会"为了孩子"选择继续维持不幸的婚姻，对他们来说，两人之间的互动是否健康并非核心问题。即使心怀不满，人们仍常会选择继续待在婚姻中，因为婚姻提供了更重要的东西，可能是财务安全，可能是对孩子生活的保障，也可能他们本身对离婚这件事深恶痛绝，继续维持婚姻可以回避这件事；而另一些夫妻则致力于追求让双方都感到满足的关系。当然，不管是何种情况，一心一意致力于维持两人关系的伴侣——无论两人幸福与否，互动健康与否——可能都心照不宣地达成某种协定，以巩固两人之间的关系。

虽然吉尼瓦和兰斯都觉得两人只是暂时在一起而已，但合理的沉默契约为他们对彼此的承诺提供支持。两位中西部人士在大四那年坠入爱河，毕业后不久，就搬入纽约公寓同居。作为寄居在大城市的年轻情侣，两年来，两人的生活浪漫而又兴奋。然后，关于两人未来的问题不可避免地浮现了。吉尼瓦的家人不认同她的都市新做派，想知道她何时定下来，过上传统的婚姻生活。兰斯的家人——都已结婚，还是虔诚的宗教徒——谴责他和吉尼瓦都同居两年了，竟然还未下定决心娶她。

双方家人不知道的是，两人根本就没打算结婚。兰斯很爱吉尼瓦，但他计划谋求的职务经常需要出差。他不想要远距离的婚姻，但也不愿在长期外出工作期间守身如玉。吉尼瓦也有不结婚的理由。在成长过程中，她看到家族中的女性疲于维持两地分居的婚姻，她不希望自己经历同样的痛苦。虽然她很爱兰斯，但考虑到兰斯和她相隔两地时不愿洁身自好，她不觉得两人能够长久在一起。

追根溯源：背后的沉默契约

吉尼瓦和兰斯都默认两人在努力适应纽约生活，为毕业后的人生打下良好基础期间，仍保持恋爱关系 —— 这是两人之间的沉默契约。这一约定一直运转良好。两人在不熟悉的城市奋斗，面临从大学生转变为独立成年人后的种种挑战时，一直相互陪伴，相互扶持。但随着时间的流逝，双方家人的担心和好奇让兰斯和吉尼瓦开始意识到，两人应该坐下来好好讨论各自对未来的设想是否要包含对方。

打破沉默

对吉尼瓦和兰斯来说，打破彼此间的沉默很容易。虽然家人的干涉从未将他们推向彼此都不想要的方向，但过了一段时间后，他们都清楚地认识到双方应该坐下来讨论未来问题。幸运的是，两人的沉默契约非常契合。通常在一段长期稳定的感情里，至少有一方会希望两人能继续长长久久，因此，当发现另一方并未有此打算时，会感到非常痛苦、震惊。但有时候，你在人生某个阶段或许会遇到这样的恋情，即使双方相处愉快、自在，你都不曾动过两人要长长久久的念头，总是感觉少了那么点东西。吉尼瓦和兰斯坦率地承认，虽然两人相处融洽，但从未想和对方步入婚姻。在清楚地认识到双方迟早会分手这一事实后，他们很高兴双方能够享受当下生活，相互扶持，帮助对方实现理想中的未来生活。他们也明确地告诉家人自己不想再听到任何有关两人未来计划的话题。

展望未来

挑明心中的想法让吉尼瓦和兰斯两人在走向人生下一阶段期间，仍能亲密无间、爱意浓浓。即使两人之后分道扬镳，两人的关系也会升华为友情，成为好朋友。而且，届时如果两人仍想在一起，他们也会讨论克服两地分居的办法，考虑若有可能，吉尼瓦是否愿意和兰斯一起出差的事情。他们甚至还可能考虑兰斯能否少出差这事。不过，因为两人都能坦然接受最后会分开的结局，所以，他们当下仍可以一如既往地支持对方，对两人恋情的未来走向也十分清楚。

你可能有着类似的感情遭遇，虽然没有公开讨论过，但双方对两人的感情都有着清醒的认识。所以你们在分手那一刻到来后，对话就不会像那些沉默契约不契合的情侣那样激烈、艰难。在这种情况下，双方心中想法一致其实是一种幸运的巧合，在爱情长跑里的大多数人都不应奢望这一点。但如果你能一路和伴侣保持沟通，确保两人心底想法一致，那你们分开后仍能成为朋友，带着这段美好的回忆继续前行。

对人的承诺

丹和克莉丝汀

最后一种人们经常做出的承诺就是对某个人的坚定承诺。这类承诺有时伴有某种沉默契约，而这些契约通常和对方所代表的意义有关。例如，这种沉默契约通常基于你对自身承诺：你告诉自己要选择某一特定类型的伴侣，以避开你成长过程中所目睹的不和谐的伴侣关系。或者，你的沉默契约让你陷入一段你明知已高度失衡的关系里，因为你试图通过这段关系修复过去某段不健康的关系。你可能清楚自己并不喜欢对方或这段关系——你甚至因此痛苦不堪——但你仍觉得有必要维持这段关系，因为你的伴侣代表了你被治愈的机会。在这些情况下，如果你的承诺针对的是个人而非关系本身，那揭开其中的沉默契约就并非易事。

有时候，一个人对另一个人的承诺常让旁观者困惑不已，但身处其中的人却很容易理解。这样的关系可能会让你说出"他们是最不可能的一对""我不知道他看上她哪一点"之类的话。克莉丝汀和丹的故事就是这种沉默契约的典型代表。

克莉丝汀和丹都是土生土长的纽约客，两人在大学里相识。两人都是外貌出众、爱玩爱闹的社交达人，所以认识后很快就被对方吸引。他们很快就正式确立恋爱关系，经常一起参加派对，出入酒吧，融入彼此的朋友圈。丹的朋友不时提醒，他们发现克莉丝汀对接近她的男人过于友善。在两人接下来的四年交往中，关于克莉丝汀和其他男人的传闻从未断过，但丹从不理会这些，一直坚定地表达他对克莉丝汀的爱意。

有一天，丹的三个好朋友找他谈话，他们坚称克莉丝汀背着丹勾搭其他男人。

丹不以为意地说道："听着，我遇到她时，她确实爱对男人暗送秋波。但我们俩就是这样才认识的。不论如何，我都爱她，希望她开心。没有证据表明她正在乱搞。我们很好。"朋友自那以后再也没有向丹提及这件事，但开始疏远他，他们一致认为丹拒绝承认现实，以后会为此头疼不已。

克莉丝汀继续和其他男人打情骂俏，但每次和丹在一起时，她总是那么的活泼、性感、殷勤。让丹的朋友大跌眼镜的是，丹竟然求婚了。几个月后，他和克莉丝汀喜结连理。在婚礼上，丹的朋友窃窃私语，在看到传闻中的克莉丝汀的调情对象也出席婚礼后，他们更是议论纷纷。

几年后，丹和克莉丝汀生了两个孩子，并迁入新居。两人的关系很稳固，并一直得以维持。每当他们和老朋友见面时，朋友都说两人看着非常融洽，特别开心。

追根溯源：背后的沉默契约

表面上看，你会觉得丹在自欺欺人，离不开对自己不忠的女人。他的朋友试图警告他克莉丝汀配不上他，他们不信任她。但他们不知道的是，**对丹来说，这段感情的走向取决于他对克莉丝汀的承诺。就是这么简单**。丹之所以能够容忍克莉丝汀和他人打情骂俏，甚至是一夜情，是因为他觉得这些行为恰恰体现了克莉丝汀身上那些令他着迷的人格特质。克莉丝汀有点特立独行，随性洒脱，精力充沛而又风趣，这些都让丹为之倾倒。**他只想要她，所以默默接受她身上的其他部分。**克莉丝汀也参与到丹的这个沉默契约中：**她在心中默默告诉自己，如果丹不批判，或是不要求她改变卖弄风情的行为，让她做自己，那她的爱就只为丹一个人绽放。**两人都心照不宣地约定忠于彼此，并且明白克莉丝汀不再会像只花蝴蝶似的，他们仍会坚定不移地信守对彼此的承诺。

打破沉默

应该打破沉默吗？

如果你们的沉默契约运转良好，那就没必要急切地改变或终结它；即使你们的非传统安排让他人感到不适，那也不是你们的问题。但是打破沉默通常也有其价值所在。开诚布公地交流可以让你们明确彼此的期望范围和接受界限，防止误会和伤害产生。长久以来，丹和克莉丝汀都不曾讨论过两人关系中的这些议题，虽然两人一如既往地恩爱、感到满足，但坦诚讨论这些事情也未尝不是好事。

可能会有人觉得丹和克莉丝汀的沉默契约并不平等。丹不要求克莉丝汀忠于他，是否表明他看不起自己？如果丹曾执着于某种特定的关系，那可能确实如此，但对丹来说，最重要的是他对克莉丝汀的承诺。尽管克莉丝汀婚前可能对丹不专一，但她仍以自己的方式信守对丹的承诺；她认定丹是最重要的那个人，总有一天，她会全心全意地爱着他。

大家可能很难认同丹和克莉丝汀的沉默契约属于合理的沉默契约，不过这样的契约却很适合两人，因为他们的承诺相契合。因此，在两人"都渴望和对方在一起"的念头的强力推动下，他们能够认清自己，并在此基础上达成一致。

展望未来

丹和克莉丝汀的沉默契约为两人的关系打下了坚实的基础。如果以后因为个人或生活发生变化需要予以调整，他们可能会决定重新制定两人之间的沉默契约。他们的关系是建立在对彼此的承诺上的，这样的承诺都是针对对方这个人，而非感情本身（即他们想要的是对方这个人，而非爱情 / 婚姻本身），所以它可以有效地稳固双方的关系。因为归根结底，克莉丝汀最想要的那个人是丹，而丹最珍视的人是克莉丝汀，所以两人的关系日后也会一如既往地稳固。

这样的关系也常常成为情歌和文学作品的主题。因为，这种对另一个人矢志不渝的承诺透露出坚定感和安全感 —— 很多人在亲密关系中都渴望得到这样的感觉。

对自己的承诺

当你在心中对自己许下承诺，并默默坚守时，你就将我们所讲的三种承诺 —— 对人的承诺（对你自己的承诺），对关系的承诺（你与自己的关系），对构想的承诺（你是什么样的人）—— 都融合在了一起。这些沉默契约为你为人处世提供了有力的指导。我们每个人心中可能都装着数十个沉默契约，它们影响了我们的来往对象、在家和职场的行为举止、对自己或理想中的自己的看法。"我永远不会对我的孩子撒谎""我永远支持我的朋友""我永远不会和狭隘之辈约会""我永远捍卫自己的权利",诸如这样的沉默契约都是积极有益的。谁会对执着追求诚实、忠诚、良好的人际关系和自信这样的事情提出异议呢?

另外,我们对自己的承诺也可能伴有消极的沉默契约。"受伤的总是我""我永远赚不到足够的钱""我要学会对当下的生活感到知足""我会继续和他/她在一起,因为这总比 个人孤零零好",当我们在心中对自己许下这样的承诺,并付诸实践时,我们可能会调整自己的行为,将这些沉默契约变成现实。但我们对自己的消极看法/狭隘认知的执着,会破坏我们和他人的关系,减少我们的机遇,并最终伤害我们自己。

为了避免这种情况,我们需要自我审视,弄清我们心中的沉默契约,并确定它们在我们现实生活中的展现方式。你很有可能已在心中默默对自己、他人或生活做出承诺,如果你这般告诉自己:

- 我从未……
- 我总是……
- 我无法想象自己会做出……
- 无论如何,我最后都……
- 每次都是如此。
- 我总是无法……

一旦你开始探索你默默在心中许下的承诺是如何影响你的生活的,那你就能更好地做出改变(如若需要),抛掉不合适的旧承诺,或是继续保留那些对你有益的承诺。整个探索过程和书中提及的过程并无二致。坦诚面对自己，弄清你当初许下这些承诺的具体原因才是重点。审视以下问题有助于探索儿时经验对你的影响，完成整个自我审视过程：

- 你害怕什么？

- 你试图掌控什么？

- 你想避开何种痛苦？

- 你如何看待自己？

- 你希望自己是什么样子的？

这一过程有助于你对自己所执着的沉默契约做出更好的选择，推动你的生活走向积极的一面。

所有的沉默契约都源自我们过去的经验以及我们带入人际交往中的各种期望。我们的一些沉默契约会强调我们对某段关系、某个人或某一关系构想（某段关系具体该如何运作）的承诺，这样的沉默契约通常会坚定我们信守这些承诺的决心，尽管外人可能会为此困惑不已，看不懂我们某些具体的行事安排。无论这种以承诺为核心的沉默契约是否决定了我们所能接受的行为、界限或其他人际"规则"，沟通始终都有助于我们避开沉默契约错位时可能引发的痛苦、误解。

第六章

家族中的沉默契约

家族中的沉默契约无处不在。手足之间，堂/表兄妹之间，亲子之间，祖孙之间；婚礼上，聚会时，周年纪念日或葬礼上，无一不存在沉默契约。有的时候，这些沉默契约甚至会世代相传。而抚育子女领域则是孕育沉默契约的沃土。生育压力无处不在，即使对致力于丁克的恩爱夫妻也是如此。而那些选择生育孩子的夫妻也会面临无尽的问题，生出无边的期望。因为家族内部人员的互动复杂而又影响深远，所以常常会催生各种沉默契约，并促使其蓬勃发展。

我们许多人都经历过家庭失衡的问题。分居离婚一事——通常会涉及监护权、财产分配和感情问题——影响了数百万人，即使他们或他们的父母并不是离婚的正主。虽然有无数的书籍指南帮助人们处理离婚问题，但这些指南并非无往不利，所以人们在努力融入再婚家庭的艰难过程中，通常会遇到很多问题。这些问题是各种因素综合作用的结果，比如，应对离婚带来的损失和耻辱，接纳继父母、继兄妹。再婚家庭的融合过程通常会催生各种沉默契约。

再婚家庭：子女教育

比尔和丹妮丝

37 岁的丹妮丝是当地布道所的一名志愿者，该布道所主要为无家可归的退伍军人解决温饱和住宿问题。46 岁的比尔是布道所的最大资助者之一。志愿者工作缓解了丹妮丝作为单亲母亲的压力（她育有两个儿子，孩子的父亲已离开多年），也让她的生活变得更有意义（她是名律师助理，工作平淡而又乏味，平时也几乎不和他人交往）。比尔成长于军人家庭，很敬重退伍军人，致力于帮助他们。两人在布道所的年度筹款之夜认识，比尔是当晚的主讲人。筹款晚会结束后，比尔趁机邀请丹妮丝去一家餐厅坐坐，商讨两人将来如何同心协力做好布道所的工作。两人都对对方怦然心动，希望以后多接触，但这对丹妮丝来说并非易事，因为她几乎找不到朋友帮忙照顾儿子加百列和肖恩。

丹妮丝和比尔两人开始定期约会，比尔性格稳重、生活稳定，这点很吸引丹妮丝，她认为这对她和两个儿子来说，不啻一大优势；她的前夫之前就因为沉迷毒品而抛妻弃子。而且，比尔结过婚，两个女儿业已成年，生活美满，为人负责。

比尔最初是被丹妮丝轻松风趣的特质所吸引的。她为人随性，让他的生活充满笑声。他们一起漫步，一起去教堂，一起去高级餐厅用餐，看着很是愉快。两人都不再觉得孤单，丹妮丝尤其感到欣慰，因为比尔看着很喜欢她的孩子，而孩子们也期待见到比尔。

比尔小的时候，家里的小孩被告知要整理床铺时，会立刻冲回房间，整理好被子，然后站在一旁等待检查；听到"开饭了"，就会停下手头一切事物，迅速坐到指定的位置上就餐，而且严格遵循"食不言"的规矩。成年后，偶尔错过宵禁时间，他也会缩在门廊处过夜，因为他知道父亲不会让他进屋。等到成家有了孩子后，比尔最重视纪律，其实就是奉献——为上帝奉献，为国家奉献，最后才是为家庭奉献。

丹妮丝的成长环境则完全不一样。她小的时候，家里人都可以自由发表意见。父母的惩罚方式也很温柔——通常都是和孩子认真沟通，让他们认识到自己的行为所造成的后果。所以，为人母后，丹妮丝也是如此对待自己的孩子的。她会采用计时隔离（time-out，暂时不准孩子自由活动，让其独自冷静）的手段惩戒孩子，鼓励他们反省自己的行为，思考下次该如何改进。

在交往的一年里，比尔和丹妮丝都过得非常开心，彼此亲密无间。他们喜欢打保龄球、看电影，也乐于开车带孩子们去主题乐园，看着孩子们一路上在后座嬉戏。肖恩和加百列也开始期待和比尔成为相亲相爱的一家人，尽管他们私底下也想知道自己的父亲是否还活着，父子是否还能再相见。

交往一年后，丹妮丝和比尔正式在布道所宣誓结婚；两人都说自己从未如此快乐。他们正式成为一家人，四个孩子也开心地参加了婚礼。两人去夏威夷度蜜月时，比尔的女儿还代为照顾丹妮丝的儿子。但婚礼过后，事情却起了变化。丹妮丝和儿子搬进比尔的三居室后，不到几个星期，比尔就抱怨往昔井井有条的房子变得凌乱不堪——鞋子散落在客厅和房间的各个角落，卧房脏乱，洗碗池里堆满了脏盘子。比尔很快就意识到，他和新婚妻子价值取向上的一些差异导致两人不停地"闹红脸 /

白脸"。同时，丹妮丝的儿子也开始反抗继父的纪律管束，尽可能地避开他。日益紧张的家庭气氛让丹妮丝陷入伤心不安之中。这种不安唤起了她记忆中对前夫的不满：前夫将儿子的不良行为归咎于她，并指责说就是因为她不懂得怎么教育儿子，所以他才不想待在家中。当比尔对她的儿子越来越严厉时，丹妮丝对两人的关系产生了怀疑。带着孩子重建家庭真是个好主意吗？她是否对这段感情陷得太快、投入太多？

然后她接到儿子辅导员打来的电话。辅导员告知她的儿子向老师报告"因为没有整理房间，后背被继父重重打了"，丹妮丝听到后手都颤抖了。辅导员说："社工将对此事进行调查。"

追根溯源：背后的沉默契约

比尔认为严格的纪律管束会让孩子长大后成为负责任的人，而且制定严格的纪律和规矩也是向孩子表达爱意的方式。他在各种人际关系中总是处于主导地位，领导才能一向出众。丹妮丝认为，培养独立能力是让孩子建立健全的自我意识的绝佳途径。在她看来，惩罚会妨碍孩子的自我意识发展，甚至会降低孩子的幸福感。但两人从未就各自的子女教养观念沟通过，以致两人不同的教养方式让双方争执不断。**两人心中都觉得自己有权采用自己认同的方式教育儿子 / 继子，而且对方也应和自己采取一致行动。**比尔认为两位男孩的生父沉迷毒品，一走了之，所以对他们来说，他的教养对他们的成长有好处。但是，丹妮丝认为自己是孩子的亲生母亲，理应全权负责孩子的纪律问题；她觉得比尔会明白自己的继父角色——在她看来，比尔在儿子的教育问题上只是辅助性角色。

这些分歧导致两人每天争吵不断，他们的婚姻也开始瓦解。

打破沉默

比尔和丹妮丝对彼此很不满，但两人都在尽力挽救这段婚姻。两人在情况急剧恶化，面临虐童指控后，开始寻求家庭治疗，以了解再婚家庭中的子女教育问题，希望借此拯救婚姻。

人们的子女教育方式受到很多因素的影响，首屈一指的便是其童年经历。比尔和丹妮丝首先要审视各自的童年经历，诚实看待自己的成长方式，看它们是否公平、有效。比尔和丹妮丝两人没有发现，也未能解决他们的沉默契约，因为双方的育儿观念植根于各自的成长经历。两人每次就子女教育问题探讨，最后都会变成对各自父母的微词。比尔坚定地认为，尽管成长过程中历经各项严格的规矩，父母的"怒吼"和"嘶叫"，但他并没有受到伤害，反而最终"成长也很好"；而丹妮丝在开明、宽容的家庭氛围中长大，她觉得"比尔的教育方式"会对孩子造成即时伤害，甚至还存在潜在的长期伤害。

探索两人之前的婚姻关系，评估各自的教育方式对彼此子女的影响也会让两人受益。丹妮丝可能需要思考自己是否可以采纳比尔的一些教育方式，这样她的儿子就能建立一些良好的行为习惯。鉴于孩子最初的"榜样"——生父——是个抛妻弃子的瘾君子，稳重的男性长辈对他们的健康成长大有好处。比尔也可以思考一下，自己"一刀切"的纪律规定是否合理或有益；使用过去教育女儿的方式来教育丹妮丝的儿子，是否合适。

展望未来

　　比尔和丹妮丝都认为家庭治疗是拯救两人婚姻、建立幸福家庭生活的最佳途径，所以安排一家四口一起参加家庭治疗。但两人只有仔细聆听孩子的心声和彼此的想法，才有可能取得成功。相关的家庭治疗过程可能会让他们情绪失控，感到痛苦，但如果他们致力于了解、适应对方，治疗就很有希望取得成功。在治疗过程中，比尔可能会有防御心理，感到沮丧，也可能因自己在继子教育一事上没有同等发言权而感到愤愤不平；他也必须面对丹妮丝截然不同的纪律管束方式所带来的影响。他还需要学习如何重获继子的信任。丹妮丝因前夫一走了之而对儿子心生愧疚，她必须抛掉这种愧疚感，坦诚面对自己因此对儿子过于宽容这件事。她需要学会成为有效的纪律执行者，不用担心自己不受欢迎的决定是否会引起儿子的愤怒。简而言之，两人都需要相向而行，如此，他们才能更好地倾听对方，展现慈爱、公平、一致的育儿方式。

　　如果你面临同样的处境，可以询问自己下一节中的问题，以厘清情况。

自助练习

　　相关答案要明确详细，记得给出具体事例。

· 我在多大程度上愿意修正自己对母亲角色和父亲角色的看法？

· 我是否愿意改变对自己子女 / 继子女的管教方式？

• 放弃管教会出现什么状况？对我有何影响？

继父母要回答的问题：

• 作为继父 / 继母，我要怎样才能放手，让孩子的亲生父亲 / 母亲全权负责孩子教育事宜？

亲生父母要回答的问题：

• 我要如何做才能在管束孩子的同时，让继父 / 继母也参与进来？

再婚家庭可以是非常幸福的。如果你已再婚或准备再婚，请尽早审视自己潜在的沉默契约。这将大力推动你和家人之间的坦诚沟通，让你拥有其乐融融的再婚家庭。

非传统角色、颠覆期望

米格尔和梅丽莎

米格尔和梅丽莎都是律师，都已年近四十，两人在事业有成后才步入婚姻的殿堂。事实证明，两人是最佳拍档，读书时相互扶持，协助对方顺利毕业，工作后又相互支持，帮助彼此建立事业；他们始终忠于对方，两人的关系可以说是友谊和爱情的最佳结合。结婚两年后，梅丽莎诞下了女儿，十五个月之后，又诞下儿子。两个小孩，外加繁重的事业，两人真是忙得不可开交，全情投入其中。

米格尔对社会正义和住房权问题充满热情。他是一家社区组织的助理主任，虽然他的职位事关市中心贫民区的发展，但拿到的薪水却和他的能力及付出的心血不成正比。不过，夫妻两人都为米格尔所取得的成就和奉献精神感到自豪，彼此都认为米格尔的工作热忱比他带回家的收入更重要。

梅丽莎在一家声名显赫的金融公司工作，近期被提拔为公司的首席顾问，她的下一步目标就是成为公司副总裁。米格尔很为梅丽莎感到高兴，尽管升职后她会经常加班，还得外出公干。自孩子出生后，梅丽莎就把自己变成女超人，尽心应对家中事务和工作任务；但事情实在太多，梅丽莎渐渐感到力不从心。两人结婚初期就商定不聘请家政工人，所以，米格尔尽力为梅丽莎分担家务。梅丽莎的母亲曾是一名家政工人，对没有时间陪伴自己孩子一事痛苦不已，所以，梅丽莎和米格尔都倾向请家人帮忙照顾小孩。作为回报，他们让家人也一同住进美丽宽敞的褐石住宅里；两人的家也因此成为其亲密大家庭的聚会中心。

但梅丽莎不久后发现，米格尔在照顾孩子和打点家务方面显然达不到她的要求。她抱怨米格尔洗衣服不分颜色，经常将脏盘子堆在水槽里不洗，总是处理不好孩子洗澡和就寝的事情。如此抱怨了几个月后，米格尔终于爆发，气冲冲地告诉她："我不做了。全都让你收拾！"于是梅丽莎又变身为超级妈妈，负担起所有家务事，但很快就意识到他们需要尽快解决两人之间的真正问题。

追根溯源：背后的沉默契约

　　梅丽莎询问米格尔是否真的想让她承担全部家务，结果，米格尔扭扭捏捏地承认，他私下里确实这么想。尽管知道这不公平，但他一直认为自己的妻子应该承担所有家务。**虽然米格尔心里同意分担子女抚养任务和家务活，但却一直觉得梅丽莎要全权打点家中一切事务，他只需打打下手而已。**当然，梅丽莎对此也有责任。因为事情实在太多，她承认自己想要米格尔帮忙，但她在放手部分家务和子女教养任务后，仍觉得家中一切都由她说了算，特别是在育儿领域，要听她发号施令。也就是说，**两人都默认梅丽莎会负责家中一切事务，这是两人共同的沉默契约；但是梅丽莎并不同意家中一切她都要亲力亲为，**她想设定标准，然后让米格尔去执行，借此掌控家中全局。而米格尔心中想的全权负责是梅丽莎要事必躬亲，事无巨细地承担起一切家务。这就是两人的分歧。

打破沉默

　　米格尔和梅丽莎必须直面各自的失望和错位的期望，鼓起勇气坦诚沟通，不要害怕受到伤害，尽管这样的对话并不容易。梅丽莎必须认识到自己作为家庭经济主要贡献者所需承担的相应责任（她承担的并非女性在家庭中的传统角色，她主要负责养家糊口，要学会放手家中事务，不要想着一把抓），并要为自己能够为家庭做出如此巨大的经济贡献而自豪。她的儿子有一天晚上就肯定了她的辛劳付出——幼儿园的家长会上，老师提到孩子们在点心时间讨论自己的"妈妈会做什么"，大多数孩子都说妈妈会做纸杯蛋糕和曲奇，梅丽莎的儿子曼纽尔却自豪地说："我妈妈很会赚钱！"这让梅丽莎和米格尔一路笑到家。

米格尔其实也开始为自己能够照顾家人——抚养子女、规划家庭事务——而感到自豪。他成长于传统的波多黎各家庭，是家中唯一的男孩，也是朋友当中唯一为伴侣分担家务的男人。米格尔必须重新定位自己，意识到自己作为当代新型父亲的责任。梅丽莎在两人沟通时透露自己童年时代一直很孤独，因为母亲总是在忙着照顾别人。亲口道出儿时的感受后，梅丽莎感到如释重负，她终于开始承认，母亲无法掌控自己生活一事促使她产生强烈的掌控欲望——她想掌控人生的方方面面。梅丽莎的坦白让米格尔对妻子有了新的认知，更能理解妻子为人母后的一些专横行为。而梅丽莎也对分担家务的丈夫生出新的敬意。她现在能明白虽然丈夫一直想要一位超级妻子，但仍尽心尽力照顾家人，努力成为一位好丈夫和好爸爸。当然，米格尔还必须接受梅丽莎收入比他高得多的事实，他必须明白只有自己在家务上辅助妻子，两人才能平衡好家庭生活和工作。此次沟通后，两人就双方在子女抚养一事上所扮演的角色重新达成一致意见，并为此共同努力。

展望未来

两人最后根据各自的实际情况重新分配了育儿事务，真是皆大欢喜！就连他们的孩子后来也要为特殊的家庭日制订计划。梅丽莎喜欢规划假期，而米格尔则乐于安排体育活动事宜。梅丽莎出差时，会借助技术设备和孩子保持日常交流，为他们讲睡前故事，参与到孩子的生活当中；

但她不再像以往那样对米格尔进行育儿指导。

他们对各自的角色和家庭贡献有了新的认知，明白各自的价值所在，开始享受更多的家庭时光。

这对夫妻的情况很好地说明了配偶之间是如何不经意地和对方订下沉默契约的。通常双方对此都有责任。当梅丽莎直接挑明沉默契约所制造的麻烦，她就打破了沉默。一般夫妻双方在打破沉默后，可以各自或共同审视双方之间的沉默契约，然后商讨沉默契约中的哪些内容可以保留（如果有需要），哪些内容需要调整或直接抛弃。

自助练习

如果你认为自己和配偶之间存在育儿方面的沉默契约，那么可以通过以下问题进行探索：

• 你愿意改变自己以平衡双方对家庭的责任吗？

• 你愿意审视并改变自己之前对为人父 / 母角色的定位吗？

• 你能想象出一个更好的育儿模式吗？

• 这个育儿新模式有何不同？你们双方该如何做，才能实现这一新模式？

我才是更称职的家长

亚历桑德拉和李

　　亚历桑德拉二十岁时就和比自己年长十岁的李踏入了婚姻殿堂。她总是一副笑意盈盈的样子，看着悠游自在，精明练达。她来自饱受战争蹂躏的克罗地亚，自小贫困，但她从不气馁，学习认真，成绩优异，艺术表现突出，还努力提高自己的歌唱水平，以期出人头地。亚历桑德拉参加了当地的合唱比赛，因为她精彩的独唱表现，她所在的学校赢得了国际合唱比赛冠军。不久后，一家意大利邮轮公司代表联系她，邀请她去公司洲际巡游的邮轮上演出。毕业第二天，亚历桑德拉就义无反顾地去了意大利发展。

　　李出现的时机刚刚好。在美国著名大学获得 MBA 学位后，李便成立了自己的风投公司，成为风投界冉冉升起的新星。他曾答应带父母乘邮轮旅行，以庆祝他们结婚三十周年。就是这次旅行让他在邮轮休息室遇见了亚历桑德拉。亚历桑德拉优美的嗓音、美丽优雅的外表让他一见倾心，演出结束后，他马上走去舞台进行自我介绍。两人随即展开扣人心弦的恋爱之旅。亚历桑德拉很高兴自己能被现实生活中的白马王子爱上。李帅气优雅、风度翩翩，而且对亚历桑德拉来说，他是位真正的男人——和以往游轮上举止轻佻、处处留情的男孩子截然不同。而且李和其父母之间的亲密关系也让亚历桑德拉难以抗拒。李亲密无间的家人很快就接纳了她，填补了她心中被战火撕裂的伤口。

　　两人短暂交往后便举行了盛大的婚礼。意大利里维埃拉（Riviera）

蜜月之旅结束后，他们便搬入华尔街旁的豪华公寓一起生活。两人经常举行盛大的派对，参加的客人还可以在他们的公寓里眺望远方壮观的自由女神像。他们纸醉金迷的生活让亚历桑德拉的城中友人羡慕不已（他们常和亚历桑德拉逛街吃饭，光顾纽约最豪华的商店和咖啡馆）。亚历桑德拉在结婚后的第二、第三年，相继生下女儿和儿子。然后股市开始崩盘，他们的经济状况一落千丈。参加豪华派对、购物一掷千金的日子一去不复返，两人的婚姻也随即瓦解。两人结婚九年后正式离婚。之后，亚历桑德拉的生活被孩子的学业、家务、生活采购和入不敷出的收入占据中心。少女时代的亚历桑德拉曾有过很多梦想，但从未想过自己有一天会变成单身妈妈。

离婚前，亚历桑德拉的主要工作就是将自己打扮得光鲜亮丽，设法让夫妻关系一如既往地亲密、令人兴奋，然后就是安排各种社交活动。她从未付过任何账单，对自家的投资情况也不熟悉。所有事情——待支付的账单、漂亮度假屋的费用、公司的投资业务——全由李一手打点。毕竟都是李在出钱，全权包办一切经济事务让李心中有安全感，觉得将自己的世界牢牢掌握在手中。亚历桑德拉则和李刚好相反：她是个社交达人，知道如何应付和李社会地位相同的人，如何同他们打交道、一起旅行；她很享受这样的生活，喜欢成为众人关注的焦点，深知自己的魅力和圆滑世故会为丈夫的人际关系和商业发展带来好处。但随着岁月的流逝，她和李之间的生活已没有早年欢乐浪漫的气息，这让她暗自神伤、失望不已。

亚历桑德拉非常留恋自己和李往昔充满激情的生活，为了填补心中的遗憾，她开始想办法自娱自乐。刚开始是购物，接着又迷上赌博，然后又大胆地和李的朋友开始婚外情。但她仍觉得空虚。李开始觉得亚历桑德拉不负责任，以自我为中心，而亚历桑德拉则觉得李苛刻挑剔、脾气暴躁。他们经常在孩子面前批评对方，彼此都觉得对方是个不称职的家长。最后，两人开始离婚，抢夺孩子监护权。但两人离婚后仍争执不断，相互贬低对方，让孩子惊恐不已。

追根溯源：背后的沉默契约

两人关系恶化后，李不再是往昔那位彬彬有礼的骑士，亚历桑德拉也不再是舞会上沉醉在白马王子魅力中的美少女。两人过去曾心照不宣地达成约定：**李是伟大的保护者，承担家人生活全权责任。**但现在他们离婚了，亚历桑德拉拿到了孩子的监护权，所以这一沉默契约也就失效。

争夺孩子监护权期间，李指责亚历桑德拉不是一个好母亲，无法像他那样照料、保护孩子。而亚历桑德拉则觉得李输不起，越来越消极、苛刻。李批评亚历桑德拉对孩子过于溺爱，而亚历桑德拉反驳说他什么都要管，令人讨厌。双方都觉得自己更称职，但他们相互指责、诋毁的举动却让孩子痛苦不已。

打破沉默、展望未来

自负地认定自己才是"更称职的家长"的沉默契约事与愿违。孩子通常不会对父母的表现进行统计评分，然后再决定爱不爱父母，只要父母能让他们感到自己无条件地被爱着，那他们就会一如既往地爱父母。

大多数孩子最后都会认识到父母的优缺点，尽管缺点不少，他们仍会爱父母。如果李和亚历桑德拉仍沉迷于"自己才是更称职的家长"的幻想中，他们全家人都会因此而痛苦不堪。

监护权大战让双方都付出了高昂的代价，一切尘埃落定后，却无人是赢家。两个孩子经常看起来紧张不安、痛苦不堪，这让双方熟悉这场大战的亲戚和朋友担心不已。也就是在这段时间，孩子的祖父母开始关注亚历桑德拉和李之间的无尽争吵，忧虑他们对孩子所造成的影响。万幸的是，此时的亚历桑德拉已将注意力转移到新事业上，觉得日子越来越有盼头，所以她愿意和公婆、李见一面讨论彼此所关心的问题。她同意双方协力合作，提高孩子的幸福感。有的时候，人一旦转变观念，关系也会随之改变，李也意识到为了孩子的幸福着想，双方务必要协力合作。李和亚历桑德拉甚至同意向一位备受学生喜欢的学校辅导员求助，让这位辅导员帮助自己的孩子。

长期以来，亚历桑德拉一直都暗暗觉得自己像是陷入困境的少女，这是她对自己的沉默契约，她必须改变这一想法。她发现贫困和早期心理创伤导致她一直觉得自己是需要男人拯救的小女孩。不过，她最新建立起来的独立性和重新找回的自尊让她开始大变样，她开始愿意倾听李的想法，承认李的一些想法确实很有价值，甚至充满智慧。

李也必须接受以下这一事实：他不是超级英雄，他的价值不由他赢得的财富、赚取的金钱和所拯救的女人来决定。婚姻失败后他倍感无助，这也促使他重新审视自己的生活，特别是自己离婚期间的表现。他最终意识到对他来说最重要的是，他是一个懂得爱的人，愿意全心全意地为自己的孩子付出。

自助练习

以下问题可以为离婚的父母提供帮助，有助于他们修改自己的沉默契约，努力推动事情朝积极方向发展：

• 如果孩子和前任 —— 那个伤我至深，让我备感失望的人 —— 关系很好，那我有何担心？

• 为了孩子的幸福，我愿意在多大程度上改变对对方的看法？

• 我愿意通过什么方式改变和我前任的关系，采取必要的措施让双方能更有效地教育子女？

• 我能放下对前任的不满、怨恨吗？我要怎样才能做到？

• 作为单身家长，我能否找到支持资源帮助自己获得平衡？

对正在离婚的夫妻：

• 我们能否鼓起勇气承认婚姻失败各自都有错，并告诉孩子离婚这件事双方都有责任？

• 我们能否在孩子面前进行积极的对话？

• 我们能否承诺在孩子面前，彼此只说对方的好话或中性的看法？

• 我们能否一起参加孩子的各种活动项目，并在相关场合友好对待彼此，以支持孩子？

• 在尽力为孩子创造美好生活的同时，我们能否放下过去对彼此的不满，重新发现对方的闪光点？

如果你正因子女养育方面的沉默契约而苦恼，这里倒有个好消息：子女养育方面的沉默契约可能是最难以解决的事情，但只要是从孩子的最大利益——而不是自身利益——出发，我们就能集中精力去解决相关问题。换句话说，你可能发现，当情况涉及你负责照顾的未成年人——你爱的孩子——时，你定然会展现出最好的自己。

唯一的照顾者

凯瑟琳

单身人士凯瑟琳，四十多岁，是一位事业有成的企业高管，深受商业伙伴、家人和朋友的尊重。她曾谈过好几段恋爱，但由于种种原因，时至今日仍是单身。当人们提及她"没有孩子时"，她总是笑笑纠正道："其实，是我不想生小孩。"家人知道她工作稳定、经济宽裕，但却不清楚她的事业到底多成功。凯瑟琳低调的作风让亲戚们理所当然地觉得她"和我们大家一样普通"。

虽然两位弟弟手脚健全，但照顾父母的人却总是凯瑟琳。她还积极参与其他亲戚的生活，为他们献策献力，借钱给他们，甚至出资赞助几位侄子侄女的大学基金。对侄子侄女来说，她是一位风趣的姑姑，每年都会组织家人聚会，却从不向别人索取。而且她从未错过任何家人的婚礼、毕业典礼或葬礼。凯瑟琳的父母自八十多岁开始，身体就每况愈下，这让凯瑟琳和弟弟们担心不已（他们都住在外地）。虽然两位弟弟会时不时地探访父母，但凯瑟琳才是一直以来陪伴父母最多的人，总是竭尽全力满足父母的各项需求。

一天，公司总裁邀请凯瑟琳共进晚餐，并向她提供了一个升职机会。被提拔为伦敦分公司的负责人，凯瑟琳真是欣喜万分。更让她兴奋的是，她目前的恋爱对象也住在伦敦，两人感情正在升温中。凯瑟琳细细思考了此次升职有可能带来的变动，然后清楚地意识到除了为所在的大家庭尽心尽力，一直以来主要都是她在照顾年迈的父母，积极地为他们解决各种难题。

凯瑟琳在家庭聚会上宣布自己将去伦敦工作，并表示自己会常回家探望。但家人的反应令她震惊——他们竟然问她"你为什么不先和我们商量？"甚至责怪她"你不觉得这样很自私吗？"在为这些人牺牲、耽误了这么多年后，这就是大家对她激动人心的升职消息的反应？凯瑟琳气愤至极，气冲冲地离开聚会，将家人晾在身后。

追根溯源：背后的沉默契约

尽职的女儿会永远照顾父母——这就是凯瑟琳家人心中不约而同的想法。不过，凯瑟琳本人才是导致家人产生这一期望的人，她终年如一日地照顾父母，从某种程度上来说，甚至还一直照顾她的两位弟弟和他们的孩子。她热爱这些对她意义重大的亲人，但从未探究过其中的种种失衡。过去这些年来，凯瑟琳也和人长期交往过，其中几段感情也让她非常投入，但她的家人从未过问过她的恋情。他们一直认为凯瑟琳更喜欢单身，并会一直单身下去，凯瑟琳从未透露过其他想法，所以他们也就不做他想。凯瑟琳一直默默地觉得**除了这个大家庭，自己没有其他重要的个人生活——这是她的沉默契约；而她的家人多年里从不细问她的事情，这样的举动强化了凯瑟琳的这一想法——他们通过这样的方式，积极参与到凯瑟琳的沉默契约中，尽管他们自己并没有意识到。**他们理所当然觉得凯瑟琳没那么多需求，总是会随叫随到。现在，凯瑟琳准备揭开人生新篇章，将重点放在自己身上，她以往的沉默契约也就随之浮出水面，造成裂痕。

打破沉默

在升职喜讯换来家人如此消极的反应后，凯瑟琳开始重新审视自己。她总是把大家庭的需求放在首位，为自己塑造出无私的形象，她也乐于大家这么看待她。但在亲人看来，她尽心尽力的付出并不算是牺牲，她只不过是位尽职的女儿／长姐／姑姑，只不过更乐于关注他人的生活，而不是自己的生活罢了。最初，这样的认知让凯瑟琳气愤不已，觉得她的亲人以自我为中心，冷漠自私。但她随后开始反省自己在其中所扮演的角色，然后意识到她过去一直乐在其中，喜欢照顾他们，所以他们为什么不可以理所当然地认为她愿意一直照顾他们呢？其实，他们难以从容自在地接受她即将离开的事实，是可以理解的；不过，他们必须调整心态。在确认自己能够淡然以对——家人不再视她为家族明星——之后，凯瑟琳内心的焦虑开始平息下来。现在，她可以自在勇敢地推进自己的新计划，因为她明白这是正确之举。她以后仍会关注家人的生活，但会将自己的需求放在首位。

展望未来

凯瑟琳和两位弟弟商讨出双方都满意的方案，将照顾父母的责任棒交到他们手中。她计划经常回家探望亲人，和家人进行电话会议以解决父母的需求问题。凯瑟琳相信，其他家族成员也会提供帮助，更加积极地照顾自己的父母。至于是否还要进行一年一度的家庭聚会，则由他们决定。如果想继续如此，那他们就要接手相关策划、安排事宜，她会很乐意参加。深深地吸了一口气后，凯瑟琳打包前往伦敦，开始新生活。她不再担心自己的决定是否会让她不受家人欢迎。过去，渴望被需要的心理和对家人沉重的责任感让她迷失自己；幸好她开始自我反省（重点审视其他家族成员的想法及感受，而不是检讨她自己的责任）。

如果你在家族中扮演类似的角色，那可能需要询问自己以下问题：

- 为什么我会致力于照顾好他人，而不是自己？
- 如何才能恰到好处地照顾他人，以便对自己和对方都有益？
- 我是否应该牺牲自己的需求来照顾他人？
- 我是否搁置了某些我不想再推迟的人生决定？

记住，意识到自己的需求并照顾好自己并不是什么自私的表现，也不表示你以自我为中心。你也需要关爱自己。

沉默的伤痛 —— 膝下无子

迈克尔和珍妮特

　　迈克尔和珍妮特在弗吉尼亚州的工业小镇长大。他们在同一所学校上学，去同一所教堂做礼拜。但直到中学，他们才在当地四健会（4-H club，非营利性青年组织，由美国农业部下属的农业合作推广体系所管理）相识，并成为朋友。两人小的时候，常在夏天去当地集市摆摊，珍妮特会在集市上出售罐头食品和自己手工编织的婴儿毛毯和毛衣。迈克尔则在集市上展示自己的马匹，并让小孩子坐在马上玩耍。

　　迈克尔在牧场长大，他的父母共育有六名子女；所有子女，不论大小，都要在牧场干活。珍妮特的父母则育有四名子女，她是家中老大，经常替母亲照顾弟弟妹妹。对她来说，生很多孩子只是时间问题。她和迈克尔都很喜欢动物和乡村生活，喜欢经营农庄，两人也变成了亲密无间的好朋友。然后有一天，迈克尔邀请珍妮特一起参加中学毕业舞会，做他的舞伴，这让她惊喜不已。三年后，迈克尔求婚了，两人在他们二十二岁生日前夕喜结连理。

　　在他们生活的小镇里，大家都彼此认识；对迈克尔、珍妮特和他们所有的朋友来说，结婚、买下附有大面积土地的家园、养育尽可能多的孩子都是人生重大目标。但两人结婚十年后，仍一无所出。刚开始，两人都很享受没有孩子打扰，有大把时间一起厮守的二人世界。他们努力工作，积极参加社区活动，珍惜当下的幸福。但渐渐地，他们成为所有已婚朋友当中 —— 他们都已三十多岁 —— 唯一膝下无子的夫妇，不过从没有人公开讨论过这一话题。迈克尔和珍妮特也没有向对方提起过自己的担心和失望。两人都不想另一半觉得自己在怪罪他／她或心生愧疚。但两人的失望之情在悄无声息地发酵蔓延，两人的心也隔得越来越远。

追根溯源：背后的沉默契约

珍妮特和迈克尔两人的沉默契约其实很常见，那就是：**如果你不说出你的失望之情，那我也避而不提我的失望之情。**年复一年，他们越来越害怕两人可能永远没有孩子这件事，但因为双方都担心对方怪罪自己，就一直没有挑明这件事。讽刺的是，他们明明想保护对方 —— 主要是双方都觉得自己无法给予对方孩子 —— 结果却导致两人之间的鸿沟越来越大。迈克尔开始觉得自己不像个男人。当他和朋友在小酒馆相聚，听他们讲述自己孩子时，他始终隐忍自己的无子之痛。在他们生活的小镇里，大家都觉得养育孩子是每个已婚男子必然的人生历程，拥有一个儿子更是被视为最大的幸福。迈克尔一直在心中默默告诉自己：**没有亲生孩子，他就不是真正的男人。**珍妮特的想法也是类似。随着心中的不安越来越强烈，她开始觉得自己是个失败的妻子、失败的女人。她心中最大的恐惧就是迈克尔可能最终会对她失去兴趣，然后弃她而去。而他们的亲朋好友也在不经意间参与到他们的沉默契约中。深爱他们的亲朋好友都不约而同地觉得，**不要在两人面前提及生儿育女话题，以便让他们心里尽可能好过点。**这些人认为这么做才是尊重两人，甚至才算仁慈之举。

打破沉默

珍妮特最后悲伤过度，不再和自己的编织小组成员见面，连家庭聚会也不参加。她的朋友和家人目睹她的孤僻退缩行为后，纷纷向她表达关心。在一次周日教堂礼拜聚会上，珍妮特悲伤到不能自已，于是约见牧师倾诉心中的痛苦。两人第二天见面后，珍妮特开始哭诉心中的恐惧。她告诉牧师自己开始避见朋友，也苦恼自己不断变胖，当然她最大的恐惧就是自己可能永远无法成为一名母亲或是迈克尔心目中的妻子。冷静下来后，她开始慢慢放松下来，声音变得越加清晰、有力。珍妮特最终能够大声说出自己想成为母亲的夙愿——无论她将付出多大的代价。牧师建议她向迈克尔坦陈心中的感受，然后，三个人一起见面商讨相关事宜。

珍妮特意识到自己心中的失望、失败感和对失去婚姻的恐惧已让她陷入抑郁，也渐渐明白沉默逃避导致她越来越痛苦。她心想："我为什么不早点儿寻求帮助呢？"

展望未来

现在，迈克尔和珍妮特开始坐下来好好沟通，坦陈对未来生活的想法。和牧师的会面让珍妮特鼓起勇气讲述自己心中的愧疚感，这促使迈克尔也鼓起勇气坦陈他内心的真实感受。他们很快就约见了家庭医生，后者为他们介绍了一位治疗不孕不育的专家。在发现人工授精价格过于高昂，超出他们的承受范围后，两人开始讨论收养孩子事宜。

当看到亲朋好友在隐忍自己的痛苦时，你可能想提供支持，帮助他们打破沉默，说出心中的真实感受。你可以使用以下开场白和他们交流：

· 若想找人谈话，随时可以找我。

· 我绝不会和别人讨论你的私事，除非得到你的允许。

· 我想我一直避而不提这件事，是因为……

· 对我来说，重要的是你幸福。无论你做何选择，我都支持你。

若你面临珍妮特和迈克尔这样的状况，那以下问题将帮助你找到答案：

· 在我最需要的时候，我是否能怀着怜悯之心对待自己（丢掉心中的愧疚感）？

· 沉默导致我孤独、痛苦、不安，那我是否能鼓起勇气打破沉默？

· 我是否愿意改变看法，成为养父母，不再执着于拥有自己亲生的小孩？

· 我是否愿意放下"哪怕牺牲个人幸福，也要得到家人、邻居肯定认可"的想法？

· 我的哪些观念和习惯可以继续保留，哪些应该抛弃？

小贴士

家的概念涵盖万千，远不是一句话就能说清的。家庭是个复杂的集合体，家人也会经常隐藏他们心中的想法和情绪。这种复杂特性催生出各种沉默契约，有些沉默契约甚至会世代相传。当你穿梭其中，试图走出这座复杂的迷宫时，请记住，有些沉默契约是你在当下建立的，有些则已持续多年。无论是哪种情境，若你想打破沉默、挑明真相，觉悟都是你最大的财富。以下一些建议有助你觉察到问题所在：

• 尽早讨论问题。请先记下你觉得最为重要的想法和感受，为有可能到来的情绪波动和复杂对话做好准备。这么做让你能够集中精力，保持镇定，不会忘记处理那些与你关系重大的事情。

• 提醒自己，你正在做对的事情。

• 询问自己：说出实话后，最坏的结果会是什么？最好的结果又会是什么样的？

• 首次对话通常很难，如果你对首次开启对话望而生畏，那请先和你信任的人排练。这听上去很愚蠢，但这样的练习会让你更自信，思路更清晰。

第七章

职场中的沉默契约

————

在全球各地的企业里，每天都有职场人士在心中嘀咕："为什么我的员工不能为公司做出更多的贡献？""为什么我的团队需要肩负这么多的工作？""为什么公司要我们部门去解决问题，又不是我们搞出来的？"……这些思绪和其背后隐藏的沉默契约，在我们打电话、准备文件或出席会议，甚至在线交流时不断闪现。公司内的员工通过各种方式相互产生联系。主管试图激励手下员工；同事之间时而相互支持，时而相互争斗；公司高管在努力维护公司效益的同时，还得和性格迥异的各路人马打交道。身在职场，无论是小员工，还是公司首席执行官，都会在不同程度上受到职场人际的影响。

办公室的刺头

大家或多或少都有过不愉快的工作经验，对方行事可疑，让我们感到厌恶，甚至是无法忍受。当遇到这种情况时，你可能会找志同道合的同事抱怨或是寻求帮助。你也可能会找上司投诉，或者找当事人对质，甚至开始另找工作，干脆跳槽了事。**但如果事情并没有那么简单，还需**

考虑其他因素呢？如果你就是问题的一部分呢？

你所从事的工作决定了你上班时需要携带的工作装备（公文包、安全帽、工作证、笔记本电脑、午餐），但不管从事何种职业，你都会带着你的个性去上班。你也会带上你关于职场的观念、期望以及个人习性进入职场。你甚至还会将自己的情绪问题和心理问题带进职场。当你和职场的难缠人士打交道时，你也会带着心中未说出口的期望——同事应该采取什么样的举止，同事应该控制自己的情绪（或认同你的情绪），工作场合应该保持和谐——去回应对方。你可能会觉得同事应该礼貌、冷静，如此才能最大限度地提高工作效率。但如果你的同事期望可以自由发泄情绪，大声甩门回应你呢？这些处事风格的差异可能会导致冲突。不过，你需要明白的是，这些冲突其实源于你们双方不同的期望。

遇到很难相处的同事时，你很容易将问题归咎于对方，但识别并讨论双方冲突背后的沉默契约才是更有效的处理方式。有时候，你们可以在工作后或午餐期间进行对话，但关键是要挑选好时机。事前稍做准备将大有帮助，你可以借助以下方法做好准备：

- 做好功课。与你信任的人交流，了解他人对这件事的不同看法。
- 仔细思索你希望事情往哪个方向发展，并确定你需要通过哪些对话才能达成这一目标。
- 你需要明白你即将对话的同事可能也是第一次听到别人如此说他／她，所以反应可能会有点激烈。毕竟，没人喜欢在毫无准备之下被人搞突袭。
- 切合实际。与对方沟通前先排练一下，同时也要了解你可能必须做出妥协。

消极对抗型同事

丹妮尔和塔拉

丹妮尔任职于一家成功的公关公司，负责指导新员工塔拉（才入职九个月），但事情进展很不顺心，让丹妮尔很是挫败。塔拉工作时经常表现出典型的消极对抗行为：当丹妮尔问她问题或给出提示后，她经常沉默以对；当丹妮尔询问她是否听清了自己说的话，塔拉只会简短地回应道："听清了。"然后就没有任何表示了。这样的互动让丹妮尔很是沮丧，因为她随后不得不继续追问塔拉；这样的回应就好像塔拉在使计将控制权掌握在自己手中。

当丹妮尔需要约见塔拉时，塔拉常常说她建议的开会时间不方便 ——塔拉的又一掌控措施。如果丹妮尔要求当天下班前拿到报告或文件，塔拉通常会在下班前几分钟才给她，然后带着一脸焦虑，急匆匆离开办公室。这让丹妮尔无法及时评估塔拉的工作，询问相关问题，或者让她及时修改文件，以便第二天早上开会时使用。

丹妮尔试图和塔拉讨论这些问题，但毫无成效。塔拉总有现成的理由解释她的行为，经常辩称"我完成交代的任务了啊"。她还说自己很聪明，无须细细沟通就能明白丹妮尔的指示，并称自己要去保姆那儿接孩子，所以每到下班时间就急匆匆地离开。

与此同时，丹妮尔也习惯于忍无可忍之时才会质问塔拉。她深知在男性主导的工作环境里，两个女人发生冲突，对谁都没有好处，所以总是极力隐忍内心的不满。结果，她经常闷闷不乐地走开，任这些悬而未决的问题摆在那里。有时，她也会表现出消极攻击的行为，质问过塔拉后，会连着几天对塔拉敷衍了事，不愿意搭理她。

像塔拉这样的消极抵抗型员工，会让人心生气馁，不仅仅是因为她不配合的举止，还因为她不愿对自己的敌对情绪负责。她可能会提供自以为合理的理由来解释自己的行为，但这些辩解毫无意义，因为它们通常没有涉及问题的核心。办公室关系经常涉及各种沉默契约，当你陷入冲突，最积极的一种做法就是思索自己是否也参与到了问题背后的沉默契约中。

追根溯源：背后的沉默契约

塔拉消极抵抗的性格和丹妮尔的易怒特质（全无可以自信处理问题的权威上司形象）影响了两人之间的沉默契约。塔拉觉得：**即使在工作场合，我也有自主权；丹妮尔虽然是上司，也不能凌驾于我之上。**而丹妮尔心中的想法是：**我是一位通情达理、行事公正的主管，所以当我让下属做事时，她就应该按照我说的去做。**

塔拉小的时候就形成消极抵抗的个性，她的父母冷酷严格，从她的穿衣打扮到大学选修专业，事无巨细都要管到底，给她的成长蒙上了一层阴影。塔拉试图保持自己的个性，消极抵抗父母的控制，她会弄脏衣服，故意很晚抵达学校以致被关在教室外，还和父母不喜欢的孩子一起玩耍。等她存够钱后，就迫不及待地搬离家中。

丹妮尔也可能在不经意间触发了塔拉的消极抵抗机制，因为她认为办公室内阶层分明，上下有别，主管发出指示后，下属遵守命令就行，不要讨价还价。但是塔拉更喜欢前老板的作风：一起做项目时，他会征求塔拉的意见，这让她较容易接受前老板的指示，不会觉得自己像还在成长过程中那样受到控制。

丹妮尔在两人的人际互动中还扮演了其他角色。当塔拉开始消极抵抗时，她就以同样的方式回敬。回顾丹妮尔的成长背景，就不难解释她的这种行为。丹妮尔成长于分工明确的家庭，每个人在家中所扮演的角色都明确清晰，并忠实执行自己的责任和义务；背后的信条不言自明——这种分工明确的安排让一切都井然有序，毫无讨论必要——"做你该做的事就行"。这种井井有条的安排让丹妮尔感到轻松自在，所以求学期间，以及工作之后，她都力求清晰、高效。问题在于她死板的管理风格不适合塔拉。

打破沉默

显然，现在需要解决并修正她们的沉默契约。作为主管，丹妮尔更有立场开启对话，让两人冰释前嫌，重新认识对方。鉴于两人带入这段工作关系中的不同期望，双方都不太可能享受此次对话。但作为主管，丹妮尔有责任明确她对员工的期望，也有责任帮助下属发挥效用，在公司取得成功。

两人在对话开启前，都要先尽力弄清各自带入职场的信念和期望。写下自己的相关观察事项将有效地帮助她们发掘相关信念和期望。根据塔拉有关丹妮尔所做指示的描述，她可能会写下如下内容：

丹妮尔让我做事时，总是没完没了地问我明白了没，然后我就很生气。**我期望**人们给我一定的做事空间，因为**我认为**他们看得出我很聪明，说一遍我就能听懂。当主管不断问我任务进展时，**我觉得**这很不尊重我，表明他们不相信我有独立解决问题的能力。被霸道、控制欲旺盛的父母养大的我，自小就很痛恨这样的事情。**我认为**上司不应该像对待孩子那样对待下属，上司没有权利时刻地盯着我。

在解开职场上的沉默契约时，写下你平时观察到的、经历过的，导致本次对话必须进行的事情，会对你很有帮助。征求他人对相关事件的意见看法，也对你大有裨益。所以，丹妮尔可能会这么说：

看来我们两人对这段工作关系有不同的期望。例如，当我安排我们两人的会议日程时，我通常都会提出好几个你可能有空的时段，但你总是说都不方便。就我看来，我已经给出时间，希望你从中选择，但你最后总是提出不同的时间让我进行选择。**我以为**你明白我有权在我认为合适的时段开会，而不是跟着你的时间走。**我一直认为**遵守一些职场规则——比如，这样的会议安排流程——让我们都更有效率。我想知道你是如何看待这一情况的，你期望我们两人怎么合作。

上述对话阐明了丹妮尔所观察到的冲突焦点，揭示了她的期望、观念和设想。丹妮尔还谈及自身对职场规则的看法——职场规则可以帮助人们提高工作效率，这表明她已意识到自己的沉默契约。

当进行这样的职场对话时，你可以采用以下开场白和对方展开对话：

- 我重视……

- 我明白我们对相关事情可能会有不同的看法……

- 我期望你会（我会）……

- 我以为……

- 我认为……

- 你觉得这么说有道理吗？

- 你怎么看这件事？

- 我理解你为什么会这么想……

- 从现在起，我期望……

- 你期望我们今后如何一起展开工作？

展望未来

承认各自的期望有助于塔拉和丹妮尔两人基于彼此的需求达成新的共识。丹妮尔可以继续建立规则，但必须赋予塔拉一定的自由，让她能更自主地开展工作。随着两人谈话的深入，丹妮尔要决定在哪些方面她允许塔拉自主工作，在哪些方面她希望塔拉听从更多的指示。如果塔拉知道她有时候可以独立自主地工作，那可能就不会像往常那般消极抵抗。询问并尊重下属的职场需求，有助于丹妮尔提升手下的士气和工作表现，也可以减轻她心中的挫败感和消极攻击行为。员工也会觉得她是一位公平、卓越的上司，乐意与她共事。消极抵抗行为令人厌烦，而且往往适得其反；其模糊不清的性质经常让人抓不到问题本质。但有一点毋庸置疑：面对消极抵抗行为，及时采取行动，和对方进行坦诚清晰的交流才是上策，而不是以牙还牙，以消极攻击方式回应对方。

那你呢

你能确定自身在职场中可能卷入的沉默契约吗？你可以询问自己以下问题：

- 你和同事是否存在个性冲突？
- 你是否逃避处理这些个性差异？你是怎么做的？
- 在表达或内化对他人的不满方面，你是否有想改变的地方？
- 如果有，你愿意主动寻求新的观念、信息和资源，以改善你与同事的沟通方式和相处之道吗？

记住，不切实际的期望和设想遍布职场。事实就是，你可能和某人共事几十年，仍对其不甚了解，更不用说了解他们的沉默契约是如何形成的，有何重要意义。如果你时刻铭记这一点，无论是沉默契约形成前，还是形成后，都致力于和同事保持顺畅的沟通，那你所在的工作场所将会变成和谐、高效的地方。

就塔拉而言，同事都觉得她能力出众，但个性不好相处，这让她很难得到晋升机会。她不满同事的晋升，经常不能好好祝贺对方。个性强硬的她对自己的能力并不自信。她从未得到家中的支持，但却是家中首位拿到社区大学副学士学位的人。

塔拉总是将目标设得很低——远低于她的能力，不敢打破家人对她的看法。她总是待在自己的舒适区，不敢挑战更高的目标，超越自己。因此，她虽然可以十拿九稳地实现目标，但却总是发挥不出潜力。

在某一个周末参加了一场职场发展研讨会后，塔拉开始意识到自身的沉默契约。她在那个周末意识到，她从未允许自己去追逐梦想，假装很满意自己的职业选择，但与人互动时，总是在不经意间泄露自己的不满。

塔拉开始加入职场支持小组，在随后的几年里每周都要和小组成员会晤一次，自那以后，她开始迅速成长。她重新确定了自己的职业方向（需要她重返校园长期学习），并意识到她必须专注人际交往，重建自信。

塔拉现在可以询问自己以下问题：

- 为了实现梦想，我需要哪些额外支持？
- 我在改变的过程中如何忠于自己？
- 我每天需要做出哪些改变才能专心致志地调整好自己，保持积极性？
- 我如何在和家人保持联系的同时无视他们对我的低期望？
- 我如何在呵护自身梦想的同时支持我所关心的人？

吹毛求疵者

格伦和戴夫

格伦和戴夫通过两人共同的朋友结识，格伦在创立自己的环保公司时就明白，戴夫会是他公司团队的一大助力。两人共事了两年，创业理念相近，但不同的成长环境导致沉默契约在两人之间浮现。格林的家人很勤劳但彼此间并不和睦，他们对格林从不抱有很大的期望，也经常这么告诉他；家人不鼓励他上大学，因为"这超出你的能力范围，花费高昂，你最好像家里其他人那样直接找一份工作得了"。而戴夫却由头脑灵活、热爱冒险的双亲养大。他们在看到机遇时，总是能快速拍板，即刻行动。如此截然不同的成长环境导致两人总是以不同的方式处理他们的业务关系。

虽然管理结构松散，戴夫也向公司投了钱，不过格伦才是公认的高级合伙人。公司业务蒸蒸日上，两人看着前途不可限量，但问题是：格伦对如何做事有自己的一套想法，戴夫没有达到格伦的期望。格伦喜欢掌控一切的作风也让戴夫越来越烦躁不满。他越来越厌倦格伦吹毛求疵地纠正他的邮件和报告的做法，越来越受不了格伦在会议上的挑剔评论。格伦总是笑意盈盈地提出批评，而戴夫却常因被遗忘而尴尬，并心生气馁。他不觉得格伦的批评指正会让公司变得更好，因为格伦的批评往往无关他的工作质量。戴夫心生去意。

追根溯源：背后的沉默契约

除了共同的沉默契约，两人之间还有未说出口的、导致双方工作关系恶化的附加条款。他们俩都心照不宣地认定**"我们拥有让公司取得长足发展的好机会，我们要全力以赴，抓住机会取得成功"**这一共同的沉默契约。这一建设性的看法将他们团结在一起。但两人心中的其他想法却滋生出问题。

戴夫心中想的是：

我是一个聪明能干、做事周到的合伙人，我知道自己在做什么。格伦不要老是插手，让我好好做我的工作。

而格伦心里想的是：

我为这家公司投入了我所有的血汗和金钱，戴夫定会了解我有权确保一切运营、沟通和决定都达到我的标准。

至此，我们不难理解为什么两人心中的这些想法会引发冲突。两人的想法只是部分一致——都渴望公司获得成功，但他们却误以为彼此想法完全同步。事实上，双方都不认同对方可以按照自身的方式行事，也不认同对方的行事方式优于自己。如果他们不就这些方面进行沟通，那么格伦会继续认为他的处事方式对公司最有利，而戴夫则可能找律师帮忙，和格伦一拍两散。

打破沉默

这两人——一方觉得自己阴魂不散的完美主义合理正当，一方觉得自己的能力不断受到质疑——该如何应对这一合作关系中出现的挑战呢？两人最初建立的沉默契约是健康有益的，他们当然都想竭尽全力让公司取得成功。但打破沉默有助于双方在一些特定事项的基础上达成新的一致。什么才算是"干得好"？什么才算"干得足够好"？两人都必须坦白各自在这些问题上的想法和期望；他们也必须好好思索挑剔的尺度问题——挑剔到什么程度会导致两人关系恶化，不利于事情进展。因为他们是合伙人，双方是平等的，所以双方都适合向对方发起对话，进行沟通。正如前文经常指出的那样，想进行最有效的沟通，需要双方真诚倾听彼此的心声。同样地，以下句子将大有帮助，让双方顺利开启对话：

- 我重视……

- 对我来说，这段合作关系意味着……

- 我期望……

- 我避而不谈这件事是因为……

- 从今往后，我想……

- 我能理解你为什么会有这样的想法。

- 我懂你的意思，但是我有不同的看法。

- 你明白我说的吗？

- 你怎么看这件事？

- 我们接下来要怎么办？

那你呢

对我们很多人来说，赚钱不是工作的全部。请花几分钟思考下你的工作或事业对你有何意义。仔细思索你有关工作的信念、价值观以及和他人的相处方式，以此确认你是否要多注意该领域的事情。

你可以通过以下问题探索自己职场上的人际互动情况：

- 我如何接收、回应他人对我工作表现的反馈？
- 如果可以改变我职场上的表现，我需要改变什么？
- 早期家庭互动如何影响我的职场人际处理方式？
- 我的竞争态度如何影响我对同事的看法？
- 我如何处理工作中出现的冲突？
- 我是否简单地以胜利者／失败者的标准评判他人？如果是，这样的二元标准如何影响我对同事和客户的态度？

记住，你在你的每一段人际关系中都扮演着重要的角色，所以，如果有问题，你肯定也有责任。

众所周知，加强我们与商业伙伴关系所需的情商，和我们与人生伴侣互动所需要的情商非常相似。格伦和戴夫虽然有冲突，但都希望公司取得成功，有着共同的目标。遗憾的是，双方更关注对方的错误，而非彼此为公司带来的利益。

当事业遭遇爱情

珍娜和卡洛斯

哦，天啊，当职场沾染上爱情和性，那事情就会变得无比复杂，剪不断，理还乱！同职场外的关系一样，职场上的情事关系也会涉及各种期望、希望和恐惧，但职场环境又为它增添了保密和冒险的色彩。这样的关系通常会滋生各种八卦、沉默契约，引发各种冲突。当涉事双方的沉默契约出现错位——心中对这段关系该如何维持进行下去有不一致的看法时，双方的行为就会出现分歧，问题也就因此产生。

如果你冒险涉足办公室恋情，那你不仅和自己订下沉默契约，还可能和你的恋爱对象也达成沉默契约。你可能会告诉自己"我和我的新恋人非常小心谨慎，同事不会发现我们的恋情""我们俩都不会向同事透露双方的恋情，所以不会产生有关我们的流言蜚语""这段关系真是刺激兴奋，值得冒险一试"——这就是你的沉默契约。这样的想法让你冒险投入办公室恋情，并在事情曝光后声称自己没有责任。而办公室恋情经常都会曝光。

珍娜和卡洛斯是同事，两人初见面就迸发出爱的火花。他们在电梯里、公司茶水间、走廊上打情骂俏。珍娜知道职场恋情会很棘手，但两人显然很快就陷入其中，不能自拔。在公司圣诞晚会上，两人借着槲寄生正大光明地接吻①，接着以装饼干为由一起溜到茶水间，然后不知从什么时候开始，两人的手开始在对方身上游移。

两人任职于不同部门，珍娜在运营部工作，而卡洛斯任职于销售部。两人一整天靠着热辣的短信和激情的电话相互挑逗。几个月以来，两人的恋情刺激而又兴奋，他们每天下班后见面，还会共度美好而又性感的周末时光。他离婚了，她则和一个踏遍全国各地的男人处于"半订婚"状态。两人在不知不觉中就这段恋情要遵守的规则订立了沉默契约。

---

① 西方圣诞习俗：两人如果被发现站在槲寄生下，就必须接吻。——译者注

六个月之后，双方都清楚地认识到，虽然很享受两人的幽会时光，但彼此都没有长久在一起的打算。珍娜才二十四岁，打算一两年后搬到加州居住。卡洛斯则刚刚离异，有一个年幼的女儿，没打算认真地谈场恋爱。双方都期望两人的办公室激情会自然而然地消退，等到分手后，他们仍会以同事身份相处，同时又对彼此拥有美好的回忆。

然后有一天，珍娜听到同事私下八卦她和卡洛斯的关系。"卡洛斯痛恨小题大做、情绪化的场面，不想理会前妻的嫉妒之情，"其中一位同事对另一位说道，"但她以女儿为武器，所以卡洛斯决定和珍娜分手了事。"珍娜听到后怒火中烧，质问卡洛斯为何向他人透露两人的恋情。"你在开玩笑吗！你认真的吗？我和人吹嘘我们的关系？你还在上中学吗？"卡洛斯愤怒地回应道，"你以为大家都不知道我们在一起吗？难道我们分手后，做得还不够明显吗？反正，和朋友讨论私生活是我的自由，我乐意，不行吗？"

追根溯源：背后的沉默契约

显然，两人有关办公室恋情的沉默契约出现了错位。双方都心照不宣地认定：**因为我们是同事，所以要谨慎处理这段恋情。**但是何谓谨慎处理，对谁守口如瓶？对谁可以透露？双方并没有就这些内容达成共识。对珍娜而言，谨慎处理意味着两人不会向公司里的**任何一个人**透露两人的关系。但是卡洛斯相信他的朋友会为他保守秘密，即使这些朋友同时也是他的同事。因为彼此都不了解对方的期望，所以他们各自都误认为双方对谨慎处理两人的感情有着一致的标准和看法。对珍娜来说，卡洛斯向朋友泄露两人的关系就是违反两人心知肚明的协定。对卡洛斯而言，珍娜的反应太幼稚。正如其他案例那样，两人都将过去的期望和观念带进了当下的关系中。

卡洛斯成长于喧闹、爱交际的家庭，家中的秘密总是迅速被揭穿——通常都会伴随着大量的戏弄声和笑声。所以，儿童时代的卡洛斯就了解到，大多数"秘密"都会曝光。他认为只要他和珍娜没在人前展示宣扬他们的关系，他就算足够谨慎，而且他认定，好朋友之间就是要分享秘密的。

珍娜则从成长过程中学到，要学会隐藏自己的情绪。她的家人经常插手他人的事务，这让她深恶痛绝。她的父亲曾背着母亲出轨，这一悲伤可耻的事件全程都弥漫着众人——从阿姨到教母——无处不在的指控和怜悯目光。所以她告诉自己，一定要谨守自己的秘密，决不向他人透露自己的私事，而且确实一直如此——至少在碰到卡洛斯之前是这样的。她对曝光的看法导致她在恋情曝光后，深感羞愧、内疚，情况比她预想的还要严重。

打破沉默

虽已分手，卡洛斯和珍娜两人仍可以开启对话，好好沟通，如此两人的工作关系就能得到很好的维持。珍娜可以清楚地表明她需要一份积极肯定的推荐信，以便更好地追逐自己的研究生梦想。她可不希望"无惧办公室恋情"这样的评语伴随她一起进入下一段职业生涯。卡洛斯可以答应，自己不再同办公室的朋友讨论这段关系。卡洛斯和珍娜可以约定，以后任何人问及两人的关系，都以"我们只是朋友"一言蔽之。此次经历为他们上了宝贵一课：下次要早早确立基本规则，并大声告诉对方。

在爱情和工作面前，一切皆平等

妮拉和布莱尔

妮拉和布莱尔已在同一家公司共事五年。两人任职于不同的部门，一路沿着公司的晋升阶梯稳扎稳打。一天，两人的部门经理宣布，两个部门在接下来的十八个月会合作，以开展新的业务计划。对两人来说，这都是千载难逢的好机会，可以借此好好展示自己的业务水平和能力；更激动人心的是，合作结束后，她们还有机会升为公司新成立部门的头头儿，这让两人摩拳擦掌，兴奋不已。两人多次在会议上合作，经常一起加班到深夜。有时，她们会一同打车回家或晚上一起出去喝一杯。

有一天晚上，妮拉坦言自己被布莱尔吸引，令她惊讶的是，布莱尔承认她也是如此。两位精明的职业女性深知，不该在没有挑明各自期望，把话说开之前开启这场办公室恋情。两人深入交谈几次后，决定不要将个人关系带入工作当中，在严格遵守这一规定的前提下，双方试着交往看看。她们非常清楚公司并不赞同办公室恋情，而且所在的公司氛围偏保守，同事可能对同性恋情持有偏见。

两人的策略很有效，上班时都秉持公事公办的态度，保持正常的同事互动，非常注意分寸；下班后则卿卿我我，甜蜜互动。双方都很谨慎，非常清楚恋情曝光可能引发的后果。妮拉最后还搬进布莱尔的寓所，展开同居生活，但她并没有将自己的公寓退租，继续制造两人不住在一起的假象。

两人的项目进展顺利。项目完成后，布莱尔的经理约见了她。经理先是赞扬布莱尔对项目所做的贡献，表明布莱尔的优秀表现令她印象深刻，然后说公司将晋升布莱尔为新部门的主管，领导一群同事。这些同事都是从参加项目的人员中挑选出来的，其中就包括布莱尔的女朋友妮拉。

布莱尔兴奋不已，当晚邀请妮拉去她们最爱的餐厅共进晚餐，并将她即将升职的消息告诉妮拉（公司稍后就会正式宣布这一消息）。妮拉为布莱尔感到高兴，激动地向她道贺，还点了香槟庆祝，告诉布莱尔她这是实至名归。布莱尔表达谢意后，询问妮拉是否对自己成为她的新主管一事感到不自在。妮拉断然回道："绝对不会。你工作那么努力，我认为公司这一决定非常英明。我打算好好支持你的新工作。"然后问布莱尔，"那你呢？你之后能否客观评估我的工作表现？如果我在新岗位上脱颖而出，被升为公司的二把手，你会有什么感受？"说完后，两人都哈哈大笑。她们都知道虽然妮拉是在开玩笑，但她一直尽心尽力，全力做到最好，努力谋求升职。对两人来说，这当然没问题。

追根溯源：背后的沉默契约

即使和谐如妮拉和布莱尔，沉默契约也会从中发挥作用，毕竟两人的关系夹杂着各种复杂的情绪。那她们为何能避开潜在的伤害，维护好两人的恋情和工作关系呢？这是因为两人的沉默契约和彼此的信念、期望完美契合；双方都默默约定：**我们将开始恋情，但要将工作和个人生活区分开来；我们重视双方的恋情，但它绝不能阻挡我们在工作上的前进步伐。**

两人在开启恋情前先进行深入沟通，清晰地阐明这段恋情要遵守的诸多规则，包括两人恋爱后仍要经常沟通，坦陈各自的想法。最重要的是，她们都默认虽然两人的恋情是重点所在，但与各自的职场抱负或工作努力无关，爱情是爱情，工作是工作，不能混为一谈。她们都了解对方的抱负追求，不希望两人的"办公室恋情"妨碍她们的职业发展。

她们都是自信的职场女强人，并相互欣赏对方的这一特质。双方都不会因为对方的事业抱负感到威胁，都真心支持对方取得成功。她们并未视对方为竞争者，而是相信两人会是一个睿智、成功的团队，期盼携手共进，在事业上不断前进，取得辉煌成就。

不仅仅是职场上的导师

查丽丝和达克森

查丽丝是律师事务所的新员工，个性极其独立。她的主管很快就注意到她是一位聪明勤奋、表现卓越的员工。律所合伙人达克森尤其喜欢她。一次，他邀请查丽丝去他的办公室，回顾了她的工作进展，并提及成为律所合伙人的上升通道。他说他愿意指导她的工作，在她升迁途中定期和她见面，提供专业指导和支持。

查丽丝对自己的事业充满雄心壮志，所以这对她来说真是个天大的好消息。她听说达克森颇受女人欢迎，有花花公子的潜质，所以她猜测达克森是不是试图亲近她。最后，她想如果达克森果真如此，那她顺水推舟就是。达克森仍是单身，魅力十足，而她渴望能快速实现自己的事业目标。反正她也没时间找男朋友，如果事情真如她所料，那也不赖，她不但会赢得一个事业伙伴，还能拥有一个宠溺她、不带任何附加条件的性伴侣。

在一整年的指导过程中，两人周末经常秘密约会，共度奢华时光。但是，当达克森说他爱上了查丽丝，想和她认真交往时，查丽丝却大吃一惊。她难以相信这个事业有成的中年男人居然认为，她想和他长久在一起。他是她的同事，比她整整大了十四岁，事业才是她此时的最爱！办公室同事私下传言他以前就有过这样的风流韵事——他难道不明白相关游戏规则吗？

查丽丝的拒绝让达克森惊诧不已，他不习惯被拒绝，无论是哪个方面。他可是一直小心运作，确保查丽丝能够成为其梦寐以求的职位候选人，并顺利升职。达克森失望至极。她怎么可以对他没有同样的感受呢？她不明白两人成为真正的伴侣后，她的事业也会大获其利吗？毕竟，他可是律所高级合伙人，比其他人都了解律所的情况。

追根溯源：背后的沉默契约

查丽丝和达克森都认为两人是成熟的成年人，不用在这段交往关系中彼此迁就、退让。但是这一默默约定是阴差阳错的结果，两人心中未说出口的期望和想法并不一致。

达克森想的是：

我在指导查丽丝的过程中会更了解她，从而可以帮我确定她是否适合我，如果两人最后开始认真交往，那这是好事，我们可以彼此承诺。

但查丽丝心中的想法却是：

达克森将指导我，在这一过程中我们会开启短暂的恋情，双方各取所需，没有任何附加条件。

人们在陷入这种交往关系时，常会忘了这虽然是"办公室里的风流韵事"，但其交往对象却是一个有着各方面需求的人，对方可能会希望这段关系超越两人的工作，想要认真投入交往。当恋爱关系和工作关系重叠时，不安全感、占有欲、妒忌，最重要的是，不匹配的期望，都会一一浮现，让事情变得更加复杂。由于这样的交往关系通常会对个人事业发展造成威胁，涉事双方最好尽早打破沉默，阐明各自对这场职场恋情的想法和期望。

打破沉默

在最终接受查丽丝不会再回到他的怀抱后，达克森知道有些事必须改变。他明白，查丽丝不是唯一一个和工作结婚的人，他自己其实也是。他由此发现了自己的另一个沉默契约——他一直一厢情愿地认为，一旦取得成功，其他一切事情都会自然而然地变好。对他来说，没有比在任职的世界 500 强公司取得成功更重要的事情了。

两人分手后，达克森曾花了数月时间逃避自己的感情，每天都疯狂地工作十五个小时；他告诉自己公司才是最重要的。他每天将自己弄得筋疲力尽，无法集中精力，无法好好休息，最后他终于意识到工作已占据了他的整个人生。就是这一刻，他开始意识到自己必须改变。在承认自己受到伤害后，他开始重新振作起来，一边舔舐心中的伤口，一边思索除了工作，还可以通过什么方式成就最好的自己。绝望之际，他忍不住向一位同行吐露心声。这位律师是少数和他关系密切的同事之一，建议他给自己放几天假，前往健康疗养中心休养身心。此次度假之旅最终让达克森渡过了难关。

达克森在疗养中心终于顿悟。他意识到，他过去一直认为工作在他的一生中，就是终极意义所在。但现在，他对工作的这种依赖非但没有让他控制、压倒竞争者，反倒摧毁了他自己。他同时明白，他和查丽丝的这场"爱情"其实就是一个信号，提醒他好好改变，平衡好工作和生活，尽管他因此痛苦不已。虽然困难重重，达克森还是接受了所需的各种协助，开始改变之旅。他开始每天进行锻炼和心理训练，让自己放松，重建信心，培养新的兴趣爱好；他还修改工作行程，以便腾出更多的时间进行自我探索。

当一方想要认真交往，另一方却不想如此时，那问题就严重了。当这种爱情失衡状况还涉及工作时，最后便可能会危及双方的事业信誉和生存大计。达克森和查丽丝错位的沉默契约显然不可能让两人长期保持和谐的关系。查丽丝期望两人的关系没有任何附加条件，达克森却希望两人能够更认真地交往，彼此承诺；双方的期望显然不匹配。而且，虽然在公司里，达克森处于强势地位，但在两人的交往关系中，查丽丝更占据优势地位，两人如此错位的地位格局让彼此更难达成一致的目标和期望。如果两人能好好沟通，坦承各自的期望，还可能会找到愉快的中间地带，相互迁就，在恋情结束之后仍能共事。如果这样的局面并没有出现，那查丽丝也不会感到惊讶；即使是事业有成的中年男人，也可能会心碎。

达克森和查丽丝显然需要鼓起勇气进行对话。此次对话既涉及两人的私生活，又事关两人的工作，他们务必要恳切交谈，设法解决这两方面的问题。他们可以借由以下开场白展开对话："我很珍视我们的亲密关系，但我认为我们对这段关系的性质有着不同的看法。我可能一直没有说清楚我对这段关系的期望。现在让我们好好谈谈，弄清彼此的想法。"记住，此次对话是为了了解彼此，这样的开场白让两人能够马上承认双方之间的分歧。两人在沟通时，可以借由下列句子阐明各种设想和期望，并邀请对方也这么做：

- 你现在能理解我说的吗？
- 这让你感到诧异吗？
- 你之前对这段关系有什么期望？
- 我能理解你为什么会有这样的想法。
- 面对这些分歧，你觉得我们以后要怎么相处？

展望未来

这场对话肯定会让双方都不好受，但如果达克森和查丽丝都能坦承自己对这段关系以及对方的看法，他们将会更了解彼此。存在错位沉默契约的伴侣通常对两人关系的基本面有着不一致的想法，投入较多的那一方往往会觉得自己被哄骗或背叛了；如果他们能好好沟通，弄清那些导致彼此误会的想法和期望，那双方就有机会谅解对方，释然地结束这段关系。那样的话，双方日后就能继续和谐相处。虽然达克森和查丽丝对两人的恋情有着不同的期望，但他们如果能坦诚讨论这场办公室恋情所面临的挑战和风险，也就能更了解自己，更明确各自心中的想法，这对他们现在和以后的发展都大有益处。

那你呢

你可以通过以下问题弄清自己的工作和生活是否保持着健康的平衡：

• 我是否相信工作比生活更重要？两者的重叠程度有多高？

• 我是否花了足够的时间和亲朋好友相处？我上次和我所关心的人联系是什么时候？

• 我是否半夜惊醒，试图解决工作上的事情，然后辗转反侧，难以入眠？

• 我是否期待事业成功会为我带来快乐？我是否追求事业以外的幸福？

·为了事业更上一层楼，我是否忽视生活中的其他重要事情，比如运动、休息、个人爱好、度假，导致生活失衡？

·工作是否成为我认识他人的唯一途径？我还可以通过哪些途径建立人际关系？

·我要如何改变才能让我的工作和生活更为平衡？

·我如何定义成功？为了成功，我愿意做什么？

·我所赚取的收入能否证明我在工作上花的时间以及可能做出的牺牲是合理的？

无数情况都会导致职场沉默契约。除了本章列举的情况，其他情况——雇佣、解雇、工作评估、任人唯亲、药物滥用、机密事宜——举不胜举，它们都会催生沉默契约。职场关系很重要，因为它们和我们人生的重要层面——收入、个人抱负、创造力和智力的增长——都密切相关。正如我们的私人关系和性爱关系那样，职场关系也会受我们的过往经历、价值观和期望的影响。我们带入职场的各种想法、期待也会成为我们职场人际的一部分，从而催生出各种沉默契约。

在此也有必要提一下种族、文化、性别和代际差异。这些因素也会催生大量的沉默契约，因为它们对个人的成长背景、世界观的形成，以及对他人的设想和期待都有着重大的影响。因此，一个多元化的工作场所可能存在各种错位的沉默契约。不过这些错位的沉默契约具体是如何运转并影响相关职场人士的，本书就不再赘述了（这需要另写一本书才能将它们说清楚）。这里要强调的是，无法找出这些职场沉默契约的话，将可能引发各种冲突——例如，千禧世代新员工和中年经理，变性员工和保守的异性恋同事，美籍非裔女销售主管和中东男助理 —— 这些人的沉默契约都有可能引发各种职场人际问题。同心协力找出并沟通彼此间的差异以及它们所催生的沉默契约，将会极大提高员工士气，建立健康高效的工作环境。我们在前文概括总结的方法，对此很有帮助。

当你在职场上遇到难相处的同事或卷入复杂的职场恋情时，也要记得提醒自己，这其中可能存在沉默契约，尽管你刚开始时可能会将问题归咎于对方。我们当中很多人通常都羞于启齿，避而不提那些令我们难堪的情况，而这种逃避情绪在职场尤为严重。虽是老生常谈，但你若能坦然承认自己心中的欲望、想法，甚至所背负的包袱，就能更好地解决职场方面的沉默契约。

第八章

健康方面的沉默契约

很多健康方面的沉默契约都是以下观念在作祟：只要我们不说，我们就不用承认心中的恐惧 —— 很多健康状况我们难以控制，也不愿控制。本章我们将会探讨，对自己以及他人的健康状况讳莫如深会导致哪些隐患。有时，我们即使明白自己状况很不好，也会告诉他人自己没事。比如，我们不敢承认自己正在接受婚姻治疗，反而告诉朋友我们夫妻每周二都去"美术班学习"。有时我们被事实折磨得心力交瘁，所以就捏造事实，掩盖实情。单身母亲珍妮丝就是如此。她七岁的儿子患有哮喘，她不能再请假，也找不到人照顾孩子。于是她告诉老板："我今天上不了班，因为偏头痛又犯了。"有时，我们觉得医生的指示太难遵循或所需费用过于高昂，于是便默不作声地自行管理身体，告诉自己尽量往好的方面想就是，即使直觉告诉我们这么做会将自己置于危险境地。你是否曾因琐事推迟体检？你是否曾认为病情会自然好转，所以就没有遵循医嘱？或者你是否因不想了解病情，就无视自己身上出现的某些症状？

　　还有一种健康方面的沉默契约就是，我们因为不想引起冲突或让别人对他们做出的选择感到不自在，所以就保持沉默，拒不挑明真相。比如，我们避而不提朋友的抽烟习惯。抑或我们最爱的表亲有家族心脏病史，过去两年胖了二十多公斤，可我们虽然看在眼里，却继续默不作声，不愿提醒对方。我们默默告诉自己，大家都是成年人，有自己的选择，我们没有权利指点他人。

有的时候，沉默契约是逐步发展的，并会在发展的过程中制造出无数地雷，所以我们会在生活中小心翼翼地避开它们。但沉默契约往往会在我们始料未及的地方浮出水面。约翰逊家的沉默契约的爆雷地就是厨房。

美食、家族和幻想

约翰逊一家

宝拉是一位尽职的母亲，总是绞尽脑汁维护家人的健康，她十几岁的女儿也喜欢在空余时间到厨房忙活。宝拉出身贫穷，虽然生活拮据，她的母亲总是会用手头的余钱购买面粉、糖和鸡蛋，烘焙出美味料理，驱散家人的哀愁。她的母亲总是一脸自豪地为家人端上美味小食，这让她觉得自己虽贫穷但活得很富足。因为擅长烘焙，做出来的面包总是入口即化，宝拉的母亲成为邻里众人羡慕的对象。

这一烹饪传统现在传到了宝拉的女儿妮娅手中。几年来，妮娅已成为烘焙高手，总是一脸自豪地分享自己的烘焙作品，备受各位亲朋好友的赞赏和钦佩。但这也导致十六岁的她已超重二十多公斤。当同龄人放学后去俱乐部或球队活动时，妮娅总是匆忙赶回家，一头扎进厨房；外婆会在厨房传授她烘焙技术和家传秘方。每到星期六，外婆都会说："来，穿上你的围裙，我们现在就把面包放进烤箱。"

　　和很多同龄人不同的是，妮娅对逛街买衣服或最新的舞蹈并不痴迷。烘焙才是她的消遣、她的热情、她的避风港。一次例行体检时，医生告诉妮娅和宝拉，妮娅患有肥胖症，还是 I 型糖尿病患者。妮娅听到后难过地坐在检查台上低声啜泣。宝拉一再宽慰女儿，大家会一起制订日常锻炼计划，配合药物和饮食一同治疗。但她拒不讨论女儿的肥胖和她喜欢烘焙高糖、高脂肪料理之间的关系。虽然宝拉知道糖尿病是很严重的疾病，但她觉得烘焙对妮娅很重要，母女两人在厨房时也更为亲密。最重要的是，她不想驱散女儿对烘焙的热情。她经常告诉妮娅，说她是一位年轻的美少女，但私下却希望妮娅可以主动减肥。看完医生后的几个星期，全家人都保持沉默，没人要求妮娅多去锻炼身体。随着妮娅体重的继续攀升，她身边的直系亲人越加沉默，心中越加不敢承认，他们对妮娅的体重问题其实也负有责任，以致问题越来越严重。

追根溯源：背后的沉默契约

　　宝拉一家的沉默契约存在已久，已传承了好几代人。数世纪以来，烘焙一直是展示才华手艺、让大家尽享美食的绝佳方式。妮娅继承家族传统一事让家人很高兴，虽然它已对妮娅的健康造成危害。他们一家的沉默契约是，**虽然烘焙损害了妮娅的健康，但她应该继续烘焙，因为这可以极大地增强她的自信，而且还能延续家族的传统**。这一沉默契约背后的理念就是：烘焙是绝佳的黏合剂，将家人紧紧联系在一起，而且烘焙也是约翰逊家族中的女人向来块头大的原因所在。妮娅也在心中和自己默默达成约定，**即只要她延续约翰逊家族的烹饪传统，家人就会继续爱她、重视她**。不管要在学校忍受多少嘲笑，她的家人一直以她为豪，所以她默默告诉自己，尽力无视学校女生对她体重的奚落。

所有的家族成员都在努力保护妮娅，他们告诉她肥胖并不算是真正的疾病。

他们喜欢家族新生代成员延续家族重要的美食传统，而且家中长辈也不知道该如何帮助饮食或体重出问题的人。他们——妮娅的父母、祖父母以及其他家族成员——都是同谋。大家都觉得棘手，不敢干预。反正妮娅的外婆肯定不会干预，她享受和外孙女一起在厨房的时光。但是家中其他成人明明看出问题所在，却不直言相告。是时候挑明真相了！

打破沉默

妮娅的康复之路始于她父母能够坦承他们也是导致她健康恶化的同谋。他们一家都需要鼓起勇气打破沉默，先从她父母开始，然后是妮娅的祖父母，妮娅自己以及其他和妮娅亲密接触的人，包括她最好的朋友。这些人对妮娅有着举足轻重的影响。人们通常很难意识到自身的价值观会影响周边人的幸福，但事实就是如此。我们的所作所为投射出我们的价值观，这些被投射出来的观念想法导致他人产生相应的感受、反应和行为，但这些感受、反应并不一定符合他们自身的最大利益。毕竟，很多时候，我们所投射出来的想法源自我们未说出口的需求；我们往往因为自己的这些需求未得到满足，而将它们强加于他人身上。

所以，约翰逊一家该如何摆脱目前的困境？一种方法就是家族成员通过第一人称式的自我陈述，讨论妮娅的健康问题。想让这种方法行之有效，则每个家庭成员在自我陈述时，都要嵌入"这就是它给我的感觉"这样的句式，进行归纳总结。例如：

作为母亲，宝拉要向家人陈述自身成长过程中食物方面的经历，以此解释妮娅的健康危机对她造成的影响。"我小时候，家里没有足够的粮食可吃，我逐渐意识到这样的经历造成我对食物不足的恐惧，促使我尽力确保家中成员随时都有丰盛的食物可享用。我认为我对贫穷的恐惧蒙蔽了我的双眼，让我无视经常烹饪和烘焙对妮娅造成的影响。这让我觉得我是女儿健康问题的元凶。"说得好，宝拉！每当我们开始审视自我，揭开我们旧有的观念和期望，我们就能扫清障碍，看清责任所在，明白我们为什么会对相关问题三缄其口。

父亲麦克："我曾认为烹饪会让我的宝贝女儿快乐，这才是最重要的。我不想面对妮娅体重日益攀升的问题。我现在觉得这是一种鸵鸟心态。"我们是否经常遮住自己的双眼，以避开真相发出的耀眼光芒？事实上，我们这么做的频率远高于我们愿意承认的数字，甚至远比我们知道的还要频繁。麦克的陈述揭示了他想要保护家人、抚养家人。他准确说出自己的感受，解释自己的所作所为以及背后的原因。在企图揭露沉默契约时，这样的沟通非常有效。

妮娅："我有时觉得自己应该和其他女孩子一起出去玩，而不是一直待在厨房。知道自己有肥胖症和糖尿病时，我真的崩溃了。我心中有个声音告诉自己，只要一直待在厨房，做我擅长的事情，我就不用面对这些糟糕的事情。这导致我更想烹饪。而且我也想成为保持家族优良传统的人。我真的不想放弃烹饪。我知道我需要改变，解决体重问题，但是我不知道从哪儿着手，我需要大家的帮忙。"如此清晰的阐述表明妮娅对自己的体重问题有着非常成熟的想法，清楚她要对自己的问题负责，也明白自己需要他人的帮助。考虑到她的问题并不简单，无法迅速解决，妮娅需要变得更为自律，逐渐改变她的日常习惯。这需要勇气，以及实实在在、长久持续的帮助。

外婆："我只想和我的外孙女在一起，教她流传已久的食谱。她因为爱吃东西而受到这样的惩罚，让我觉得很不合理。我不想失去对我们两人来说都意义重大的烹饪时光。我不知道该怎么办。"妮娅的祖母似乎没有意识到问题的严重性。如果她无法提供帮助，让妮娅少做饭、少烘焙（至少让她少吃高糖、高脂肪的料理），那妮娅可能无法坚持到底，改善健康。她不只是妮娅的外婆，还是妮娅最亲密的朋友。而如果我们最好的朋友、配偶或其他深爱我们的亲朋好友认为我们无须改变，那我们通常就很难做出重大改变。在意识到自己不知所措后，外婆希望家中其他成员可以提供帮助，让她知道自己要怎么做才能让她深爱的外孙女妮娅拥有最健康的未来。对于想帮忙却不知如何着手的人，外婆的做法值得仿效。

展望未来

如果你是约翰逊家族中的一员，那你会怎么做？你可能先试图了解你在家庭中所承担的角色，并思索更健康的家族传统表达方式。约翰逊一家选择集中精力进行改变。他们开始专注娱乐、玩耍和运动这样的家庭活动——而不是美食和烹饪，特别是烘焙——来共度家庭时光，创造美好回忆。因为烹饪已成为维系家人感情的重要纽带，他们意识到需要采用更健康的家庭活动来取代它。

他们一致同意要了解更多的营养学知识，并举行家庭会议，将烹饪和烘焙事务分配给所有成员。麦克负责食材和其他日常用品的采购。外婆说她将和妮娅一起研究菜单，交由宝拉执行。除了周末用餐，宝拉还负责两个工作日的晚餐。这样的责任分配让他们每个人都能积极采取措施，改变食物在他们家中的地位，以及与他们的联系。宝拉购买了健康料理食谱，和妮娅一道研发更健康的低脂烘焙食谱。妮娅开始享受开发新品的乐趣，努力制作出美味而又健康的低脂美食——味道丝毫不逊色于以往的高脂料理。约翰逊一家通过双管齐下（学习营养学知识和采用新烹饪方式）的方法，抛掉原有的沉默契约，一起建构新的契约，即**全家要共担责任，把健康的食物、烹饪和烘焙带进生活当中，在加强家族美食传统的同时建立新传统，让家族成员仍紧紧维系在一起**。这将妮娅从延续约翰逊家族美食传统的束缚中解放出来，让她有更多的时间享受青春时光。

你在阅读约翰逊一家的故事时，可能会意识到在自己家中也有类似的沉默契约。你可以借助以下问题厘清它们对你的生活和健康所造成的影响：

• 你的家族成员是否有和食物相关的病史？谁知道这些事，谁不知道这些事？

• 你童年时有过什么样的饮食经历？它是如何影响你的成年生活的？

- 你的家人是否对饮食和体重问题保持沉默？如果是，为何会如此？

- 是否有家族成员的生活品质受到糖尿病等与饮食相关疾病的影响？

- 你的家族饮食传统反映出哪些观念、设想和期望？它们是否也存在于你自己的饮食生活中？

- 包括你在内的家族成员，谁最有可能坚持家族饮食传统？谁更有可能放弃？为何如此？

- 家中长辈有什么家族故事或传统可以分享，以使家人在注重感情联系的同时，不会沉溺于食物当中？

- 如果你家中有人暴饮暴食或过度节食，你是否愿意直接挑明并寻求帮助？

如果仔细思考，尽力探索这些问题的答案，你便能揭开那些已经内化、持续存在、和食物与健康相关的沉默契约。如果你还能和家人一起讨论上述问题，那会为你们打开一扇重要的大门——了解他们食物方面的沉默契约，正是这些沉默契约导致他们无法拥有更健康的生活。

雪上加霜

心脏病和一颗破碎的心

玛丽很小的时候就被告知她的心脏有杂音（心脏杂音是指心脏搏动时血流冲击心脏壁或大血管壁而发出异常的声音），几年后，一位心脏病专家又查出她有心肌肥大症。然后，遭受病魔折磨的同时，玛丽又遭遇了另一重大打击：她发现自己经常酗酒的父亲倒在厨房地板上长眠不醒。玛丽当时才六岁，所以对这件事情的叙述有点混乱，她从自己听到母亲尖叫声后恐惧不已的心情开始描述。她记得自己朝尖叫连连的母亲跑去，结果却发现父亲脸朝下，倒在冰箱旁。母亲泪流满面，想说话但什么都说不出来，只能无助地哭泣的画面让她记忆深刻。那一刻，玛丽感觉胸部疼痛无比，几乎无法动弹。

遗憾的是，玛丽成年后才寻求专业帮助，以解决儿时遭遇所导致的情感创伤。父亲去世后，如她阿姨所说，玛丽成为家中那个"安静的孩子"，她的兄弟姐妹则仍比较活跃。大家对她的态度也很微妙，就像她再也无法承受生命之重似的。玛丽经常听到自己的姨妈们在讨论自己的父亲时都会相互提醒："声音小点，玛丽听到会难过的。"

玛丽上大学期间出现焦虑和抑郁症状。她时常觉得自己非常孤独、封闭，一整天待在自己的房间里不外出。事情的发展让她的室友惊恐不已，最终将她的情况上报给健康中心。玛丽最后不得不休学一学期。虽然她设法取得了学位，但毕业后，仍无法面对自己的创伤，每日都煎熬不已。在经过多年的焦虑、抑郁和恐惧后，玛丽告诉自己："儿时的创伤让我沮丧不已，余生我都得背负这一重担活着。"玛丽错误地认为心情低落就是她生活的一部分，会永远伴随她的人生。为此，她向每一个和她约会的男人分享自己惨痛的人生，希望对方能有一颗强大的心脏，愿意和她在一起，与此同时，她内心又觉得没有一个男人会如此。

追根溯源：背后的沉默契约

玛丽心中的沉默契约有好几部分的内容。首先，她错误地告诉自己：**"我若披露自己的创伤和抑郁心情，别人就会同情我，只看到我身上的疾病，不会看到我的其他特质。"**其次，她又误以为**自己必须长久承受心中巨大的痛苦，一辈子只能这么过了**。玛丽心中的创伤成为她情绪上的导火索，心脏病和父亲惨死两大打击导致她每日陷入愧疚和痛苦当中，就连药物治疗也无济于事。她害怕这样的抑郁心情会让她的人生永远蒙上一层阴影，这样的恐惧也让她变得更脆弱，濒临绝望边缘。她敏锐地意识到自己的家人也因她跌宕起伏的人生而疲惫不堪；每次出现新的治疗手段后，她都满怀希望，但每次都以失望和沮丧而告终。她甚至觉得如果自己认命，默默承受人生的痛苦，那家人或许就会开心些。

打破沉默，展望未来

玛丽迫切需要找到出路，摆脱绝望境地，她的家人对此无能为力，无法提供答案。但是，改变观念是改善状况的第一步。一个好的治疗师可以帮她实现这种观念上的转变，让她相信自己的人生远比她所想的要美好。

正如每一个面临复杂健康问题的人那样，玛丽需要考虑很多事情。她意识到持续专注自己的缺陷对她的心理健康毫无帮助。她需要重新思考自己想成为什么样的人。是时候站起来成为自己的主人，不被焦虑抑郁的心情所控制了！除了继续接受治疗，她可以通过针灸、瑜伽、祈祷、冥想、改善营养等手段积极改变自己的人生；与此同时，她还可以寻求其他各种资源帮助自己，以彻底改善状况。

如果你有类似玛丽的沉默契约，那请询问自己以下问题：

- 我做了什么导致他人认为我健康受损而同情我？
- 我要采取哪些步骤才能不再觉得自己是受害者？
- 我要怎么做才能觉得自己是个身体健康、拥有快乐人生的人？
- 我要怎么做才能让自己相信自己有资格享受人生，而不是受制于健康问题？
- 我要怎么做才能让自己过上健康的生活？

找到自身痛苦的根源是我们所有人都会面临的一大人生挑战，玛丽逐渐开始明白这一点。这样的认知并不能阻止她的心情继续波动，或是改善她的心脏病症状，但这促使她意识到自身的沉默契约。我们所有人都不要过于恐惧自己的健康问题。如果我们能转移焦点，将心思集中在那些值得我们庆祝的人生方面，就可以摆脱疾病所带来的悲伤、绝望情绪，并注意到自己可能需要放弃所背负的沉默契约。

上有老，下有小，中年人的健康风险

乔·马丁·刘易斯

即使对最自律、最乐观的人来说，步入中年也是一件令人非常恐惧的事，如果你恰巧就是所谓的"三明治一代"，那你可能上需要照顾老人，下需要抚养子女，负担颇为沉重。中年人乔·马丁·刘易斯——一家公关公司副总裁——就是如此，而且每天所面临的压力只增不减。

作为一个好爸爸、好丈夫、好同事，乔一直将各方面的需求平衡得很好，对自己的健康状况也很关注。但他总是觉得自己要对身边的人负责，对自己抱有很高的期望。母亲被诊断患有溃疡、青光眼和老年痴呆症后，乔总是细心地照顾她。这让他越来越累，多日之后，他终于觉得不堪重负，无所适从。过去他的父亲可以照顾母亲，但如今他父亲的身体也每况愈下，照顾母亲的重担完全由他一人承担。他渐渐地开始难以入眠，胃口不佳，无法集中精力。以往他工作时，总是会全身心地投入公司项目，但现在父亲总是隔三岔五地打电话告诉他："你妈的记性越来越差了。"乔思来想去，认为最好的办法就是和父母同住，如此才能照顾好身体越来越差的双亲。而自父母搬入家中后，乔不得不经常熬夜，完成手头的工作。

随着照顾责任的加重，乔的妻子和孩子开始觉得他们和乔的距离越来越远。妻子说他性格变了，看着总是心烦意乱，脾气暴躁。乔开始患上严重的胃病，每天都要服用药物治疗胃酸倒流问题。然后他又开始偏头痛，接着背部又开始疼痛，好几次痛得他几近昏厥。

追根溯源：背后的沉默契约

乔和他自身订下的沉默契约就是：**为了成为一个真正的好丈夫、好父亲和好儿子，我必须照顾好我生命中每一个重要的人，把自己的需求**

放在最后。乔的处理方式就是每次都先把责任揽下，然后再想办法处理他所承诺的事情。他会对自己说：现在我的生活暂时不属于我自己，但只要我把其他人都安顿好、保障好，那我的生活就能恢复如初。与此同时，他妻子的沉默契约是：**如果我一直注意乔的情况，确定他没事，那我就不必担心他是否因负担过重而力不从心**。但是，她确实开始担心。只不过有好一段时间，他们都避而不谈这件事。他们只是讨论一些生活细节，然后稍微提一下过重的负担对他们的婚姻、子女，以及最重要的是，对他健康造成的影响。

打破沉默

乔善于承担各种责任。他喜欢提前知道下一个任务目标，但是他羞于讨论自己过重的负担，即使过重的责任已严重影响到他的健康状况。对乔来说，讨论自己的负担问题，还不如直接开始处理下一个任务。但现在是时候开始好好沟通了！探索有关工作和生活之间的平衡、照顾责任以及众人健康方面的问题，有助于乔和妻子厘清目前的状况，例如：

• 有办法把一些照顾责任分给别人吗，如此乔就不用一个人扛下所有责任？

• 乔要如何调整自己的工作，以便在保持专业竞争力的同时照顾好自己的身体？

• 对于无法扮演好父亲、丈夫和照顾者的角色，乔心中到底有哪些恐惧？他和他的妻子要如何做才能缓解这些恐惧？

• 孩子们是否可以更多地参与到祖父母的生活中，或者这么做适合吗？

• 有哪些资源可以帮助成年子女管理自己身为"三明治一代"的责任？

• 我们是否考虑制订长期计划，寻求各种可用的看护资源？

乔和妻子要本着"两人是同舟共济的夫妻"的态度来讨论上述这些问题。他们需要一起调整日常生活安排和职责，如此乔就能保持健康的身体，并接受自己没必要成为超级英雄一事。他们可以迅速采取一些措施减轻乔的负担。比如，他们可以寻求专业意见，聘请看护，然后两人可以利用空出来的时间定期安排约会，共享静谧的时光。他们也可以安排家庭活动，比如运动和其他活动，让一家人相互关心。预先安排这些事宜可以让他们一家尽享天伦之乐。更多的家庭时间和更好的责任分配可以减少乔的压力，让他的身体更健康。

那你呢

如你所看到的那样，沉默契约会对你的健康状况造成重大影响。你是否理所当然地认为既然自己没有出现症状，那就是没有不适，所以就推迟他人建议的健康筛查？你是否迟迟不去做家族病史检查？或者你不敢要求新男友去做性病检查，因为你觉得这么做会让双方很尴尬？还有身上那个奇怪的痣，太阳晒不到它，你也很难看见它，所以暂时不理它算了？又或者，你的心情好长一段时间以来都很低落，但却担心告诉别人后，他们会觉得你精神有问题，所以你默默告诉自己没必要接受治疗，毕竟你又没有疯，何必让他人有理由去猜测你的心理状态呢？

上述场景是否看着眼熟？它们都是我们有关健康方面的常见沉默契约，源于我们的恐惧、绝望和不敢面对身体不适的心理。因为害怕，我们告诉自己，不知道自己的身体状况未尝不是一件快乐的事。当我们心中的信念和我们的健康 / 虚弱，竞争力 / 无能，活力 / 萎靡等方面联系在一起，我们就会发现自己在心中订下的沉默契约，妨碍我们达到最佳健康状况。这样的信念值得我们去质疑！这就是我们务必要发掘自身健康方面的沉默契约的重要原因所在，而且越早发现越好。

第九章

沉默契约工具包

————————

我们在工作中会和不同背景的人打交道，我们发现人们一旦开始改善某一方面的人际关系，他们生活中的其他方面也会随之改善。他们会变得更坚强、更快乐、更健康。现在，你已阅读过前文章节，跟着做了一些练习，可能已意识到自身的一些沉默契约。本章的练习将让你进一步探索自身的沉默契约，并向你展示如果你愿意坦承自己的想法，揭开生命中的沉默契约，那你的人生将会取得哪些重大改变。

下文将提供更完善的工具，帮助你确定自己是否真的存在沉默契约。如果有，这套工具就会帮你揭示相关沉默契约背后的信念、设想和期望，助你剖析这些核心问题。完整的练习内容也可以在本书附录部分找到。

如何知道自己带有沉默契约

探索并表达你心中的设想、信念和期望

设想某一情况，你觉得自己在该情况中可能会和伴侣／孩子／父母／朋友／同事达成某个沉默契约。然后，完成以下句子，以进一步了解相关状况：

- 我从小就认为（专注于和你所设想的情况相关的想法、信念）……
- 我以为他 / 她 / 他们知道……
- 我因此期望他 / 她 / 他们会……
- 我告诉（没有告诉）他 / 她 / 他们，我认为……
- 我告诉（没有告诉）他 / 她 / 他们，我以为他 / 她 / 他们知道……
- 我告诉（没有告诉）他 / 她 / 他们，我期望……

怎么做

案例详解

你和你的恋人一直争吵不休。你已做好同居的准备，但对方迟迟不肯迈出这一步，觉得为时过早。你们找不到解决办法，但都不愿意主动向对方提分手。假设你现在正在做这个练习，企图完成上述句式，那你的想法可能如以下这般：

你：

我从小就认为如果有人爱我，他/她会对我做出明确的承诺。

我以为你知道如果你不致力于满足所爱之人的愿望，那表明你并不爱他。

我因此期望既然我们相爱，你就会希望我们住在一起，以展现你的爱意、你对我们这段关系的承诺和你想与我结婚的意愿。

记下你想要表达的想法 / 期望

记下想法后，自我检查一遍，确定你自己是否曾将心中的相关期望 / 想法告诉对方，从第二行（我说过 / 我没有说过 / 我还未做好准备和他说）中选择最接近你目前表达状态的一个答案：

例如：

我告诉我的恋人，我认为他如果爱我，就需要向我许下更坚定的承诺。

A.我说过　　　B.我没有说过　　　C.我还未做好准备和他说

我告诉我的恋人，我以为他知道对我来说，同居是他向我展示爱意和承诺的方式。

A.我说过　　　B.我没有说过　　　C.我还未做好准备和他说

我告诉我的恋人，我期望他和我同居，以向我表明他有和我结婚的打算。

A.我说过　　　B.我没有说过　　　C.我还未做好准备和他说

找出阻碍

这一练习有助你找出那些妨碍你将内心期望 / 想法表达出来的障碍。

他 / 她的行为在多大程度上符合我的期望？以 10 分制来算，1 表示完全不符合，10 表示完全符合，圈出你的答案。

1　2　3　4　5　6　7　8　9　10

然后回答以下问题（回答"是"或"否"）。如果你不知道自己该如何回答，那可能需要好好思考一下，自己是否已做好将自己的期望告诉对方的准备。

- 如果不符合我的期望，我是否要等他 / 她做出改变？
- 我是否等着对方和我讨论影响我们关系走向的重大问题？
- 我是否想将心中的期望告诉对方，但因为恐惧 / 不敢摊牌而举棋不定？
- 我是否等待很久？为什么要等这么久？我心中到底在恐惧什么，以致不敢说出我的期望？

怎么做

案例详解

你所发现的障碍：

你在做该练习时，**可能清楚地意识到你已经整整等了一年了**，等他找地方准备和你同居；你**想要他开口告诉你**，为什么他迟迟没有采取这步行动。**你们俩的期望契合吗**？你可能会告诉自己，虽然你的恋人爱你，**但你害怕他并没有爱你爱到要和你同居或结婚的地步**，你甚至会告诉自己，或许没有一个男人愿意如此对你。

我的沉默契约有何特征：

接下来，阅读以下陈述，看哪些陈述符合你的状况。

在做该练习时，如果发现不止一两个陈述符合你的情况，请不要惊慌。沉默契约往往包含很多层面，会通过多种方式展现出来：

· 你从未和他人讨论过自己心中的某些价值观。

· 你的期望没有得到满足。

· 你正在等待对方改变他 / 她的期望。

· 你正在等待对方与你讨论相关问题，这个问题既和你的期望有关，也对你们俩的幸福有重大影响。

· 你心中的恐惧导致你保持沉默，或者这段关系有你所珍视的一些东西，正是这些东西导致你保持沉默？

· 你直到最近才意识到，这（避而不提心中的想法、期望的举动）一直存在于你们的关系中。

如果在做该练习时遇到困难，那你可能需要探索你和自身订下的沉默契约，弄清你在心中和自己达成了什么样的妥协。

现在你已看过相关案例了，请试着完成上述各个练习，以确认你是否在不知不觉中和他人订下了沉默契约。

你可以先好好思考自认为可能存在沉默契约的场景。它可能是你和亲密伴侣争论的场景，可能是工作事业中令你沮丧不已的场景，可能是亲朋好友让你觉得不堪重负的场景。然后找个安静的、不会让你分心的地方，给自己一点时间，仔细回答每个问题。你可能需要好一段时间才能完成所有问题。

记住：

- 慢慢来，花点时间诚实回答所有问题。
- 务必好好思考你的核心价值观和设想，这很重要。
- 好好思考这段人际关系出现问题之前，你所抱有的观念、想法。
- 如果仔细思索，认真回答完所有问题，你就能确定自己是否和他人之间存在沉默契约了。

沟通新方法

在完成上述练习，准备和对方分享心中的想法、观念后，你要考虑以下事项：

- 如果可以，你想和对方讨论当下状况的哪一部分内容？
- 相关人际问题探索完毕后，你是否会对双方关系产生新的想法？
- 描述一下，你通常是如何与自己关系密切的人 —— 配偶 / 老板 / 家人 —— 沟通敏感话题的。
- 你会设定哪些规则或规矩，以帮助你向他人坦承内心真正的需求？从心情、背景、时间和地点这些维度去考虑。例如：你可能要先确保自己得到充分休息、心情平静，然后再与其沟通；你也可以设定对话时长，提前写下你要谈论的要点。
- 根据上面设定的规矩，挑选时机，告诉对方你有与其好好沟通的打算，例如："我们这个周末能谈谈吗，可能就是稍微谈一下，是有关你弟弟还要在这儿住多久的问题。"

接下来我们会再次通过案例向你展示你该如何完成这部分的练习，让你明白它是如何帮助你推动事情发展，和对方顺利沟通的。

怎么做

案例详解

你想和对方谈论哪部分问题内容？

你可能会告诉你的恋人，你认为他不愿意和你同居的举动表明他不够爱你，没有爱到想和你结婚的地步。但是对你来说，同居会让你进一步相信他是爱你的，他对你的承诺是认真的。

你要怎么做才会有不同的想法？

对于这一问题，你需要知道他是否真的想和你交往，想认真投入你们这段感情。你们俩沉默契约的真正根源在于，你害怕自己会失去恋人，而他则害怕如果在事业有成前就对你许下坚定的承诺，可能无法好好与你长相厮守。试着探索他抵制情绪背后的恐惧以及你不安背后的担心、忧虑。找到方法加强你们对彼此的承诺，让双方都满意自在才是目的所在。

你一般是如何和他人沟通敏感话题的？

你可能意识到每当你的恋人没有全身心地投入对话当中，你就会抱怨他。这次请告诉你的恋人，你想下周和他好好沟通什么话题，如此，他就可以提前做好准备，以便你们两人开启积极而又富有建设性的谈话。

你要设定哪些规则，以便顺畅地和对方沟通？

你知道自己的恋人工作很辛苦，所以你会趁他休息时问他，什么时候有空和你共度一段不受他人打扰的时光。如果你俩能在得到充分休息、心情平和的情况下开启对话，那思路就会更清晰，态度也会更乐观积极。如果你们当中的一方不喜欢冗长的对话，那请先沟通五至十分钟；如果在交谈中有一方出现疲态，那就要立刻停止对话，之后再挑时机，继续相关讨论。

展开对话

最后一个练习步骤就是开启你准备多时的对话，和对方开始沟通。告诉对方你对当下问题的看法、设想和期望。告诉对方你现在才明白就是这些想法、设想和期望才导致今日的局面，并邀请对方也说出心中的想法和期望。如此，你们两人就会明白各自是如何一步步和对方达成沉默契约的。

怎么做

案例详解

你可能会对你的恋人这么说：

我认为如果你爱我，就会在我们俩恋情发展到这个阶段给我一个承诺。**我以为**你明白我们接下来就应该相互承诺，然后慢慢实现我们的最终目标——结婚。

你一直告诉我你很爱我，我们俩也已交往两年，所以**我期望**你能走出这一步。但你却拒绝和我同居，这让我开始怀疑你是否真的想和我在一起。我避而不提分手，是因为我害怕自己最终会发现你可能并没有那么爱我，并不想和我结婚。我希望我们能坐下来好好谈谈，把心中的担心、恐惧都说出来。也许我们会发现，这些担心、恐惧和这件事根本无关。你觉得这样可以吗？

选择和结局

记住，处理沉默契约并没有既定方式。你可能会认为相关沉默契约挺适合你，决定予以保持。你也可能认为，相关沉默契约只有一些条款需要引起注意。或者，你可能抛弃整个沉默契约，因为你不喜欢或不需要它，也不觉得它对你有用。选择权在你手中，但正如你在前文所看到的那样，任何选择都会产生相应的后果。

当你试图探索自己人际关系方面的沉默契约时，请好好思考你若想保留沉默契约/重建沉默契约/完全抛弃沉默契约，具体需要做些什么；这样的思考对你大有帮助。后文中的表格清楚地展示了这三种选择可能会带来什么结果：它有助于你在揭开沉默契约后决定自己该何去何从。

思考你人际关系中的一个沉默契约，并在第一栏写下它，然后思考你的选择会带来什么样的后果。

我的沉默契约	沉默契约处理方式	处理结果
	予以保留。因为它符合需求，对我有用	心满意足
	予以保留。但它不符合我的要求，对我也没有用	继续挣扎，继续背负它
	抛弃。它不符合我的要求/它对我不管用/它让我受伤，令我失望	如释重负；改变是可能的，也较容易
	重建。你需要新的见解想法，并愿意做出调整	以相互了解为基础，和对方达成共同的目标，然后重建沉默契约

填写这张表格时需要思考三大问题：

- 可以采取哪些行动切实改变或改善你当下的状况？
- 你能接受相应选择所带来的结果吗？
- 你是否对相关结果感到满意？

你和自己订立的沉默契约

记住：你和他人之间的沉默契约始于你和自己订立的沉默契约。如果你无法回答前文有关人际关系沉默契约方面的问题，那是时候行动起来，探索你与自身订立的沉默契约了。以下想法、感受清单有助于你了解，你和他人互动背后是否有你和自己订立的沉默契约在起作用。

你以前是否：

- 避而不提自己的痛苦、压力或对自己许下的诺言？
- 发现自己违背自身价值观，做出违心决定？
- 重复经历某一冲突？
- 有过自相矛盾的行为，所作所为和自身基本信念或价值观相矛盾？
- 发现自己不想再隐瞒内心的感受或期望？
- 发现自己和人进行沉重／艰难对话时，对沉默感到不自在？

只要经历过上述任一事项，那就表明你已做好准备，可以直面问题，解开与自身的沉默契约了。

改变你和自身订下的沉默契约

改变通常涉及选择和承诺。下定决心探索你与自身订下的沉默契约是改变的第一步。然后你才能对自己做出新的承诺。这是非常私密的内心探索之旅，只有你知道自己是否已做好准备进行这一探索。你可能需要向自己询问以下问题：

- 我能否接受自己所发现的事情，即使它不是我所期望的？
- 一旦揭开与自身订下的沉默契约，我有能力改变它们吗？
- 是否需要探明我一直保持沉默的原因？
- 我的沉默对我有益还是有害，抑或两者兼有之？

当你能够找出不断逃避、忽视或迟迟不愿进一步了解自己的背后原因时，你就做好和自己坦诚对话的准备了。请试着找出沉默契约是如何维持那些异常状况的。如果你的沉默契约运转良好，让你感到自在（比如，"我永远都不会对我丈夫撒谎"），那真是太好了！因为这些奏效的沉默契约和你心中珍视、坚信或设想的东西相符。但如果事情发生变化，例如出现离婚、死亡、患上严重疾病等人生大事，或者事情在无明显迹象下发生突变，那新的沉默契约（"我永远不会让我的配偶知道我赚了多少钱"或"我永远不会承认对我自己将要死去的恐惧"）就可能浮现，引发冲突。在这种情况下，请试着探索你何时以及为何会建立相关沉默契约。

- 你能从他人的角度思考你与自身订下的沉默契约吗？一位客观（没有卷入沉默契约）的朋友可能会提供有用的见解。
- 脑海中哪些回忆有助于理解隐藏在你自身沉默契约背后的原因？

————————————

揭开你和自己订下的沉默契约

在探索和自己订下的沉默契约时，你需要深入洞察自己、自我探索，如此才能打破沉默，为符合你内心需求和目标的新契约铺平道路。当你做好准备后，请运用下面的指南，逐步揭开相关沉默契约。

1. 回首过去

这一步很重要，无论如何都不能跳过不做。在探索和自己订下的沉默契约时，请试着回顾你当时那么说、那么做，以及保持缄默的缘由。**为什么？** 请好好思考，你之前和亲朋好友的互动是如何影响你的行为举止和你当下的自我感觉的。这样的自我认知探索有助于你理解并清晰地阐明你当下和自己订下的沉默契约，让你将其掌控，以防那些对你造成负面影响的东西（想法、感受、期望）将来继续影响你。

2. 给自己一点时间，静静地思考，认清事情是如何一步步发酵，导致今日的局面的

不管是人际关系方面的沉默契约还是职场上的沉默契约，当你试图

弄清、揭开它们时，都要好好思考你在哪些地方、哪些时间段能做到静静思考，确保你不受打扰，专注审视自我。

3. 分清主次

不要妄下判断，妄加指责。承认自己的情绪，专注你想要达成的目标。当你勇敢地对自己的行为负责，而非一味责备怪罪自己时，事情就会朝积极的方向发展。厘清你自己的思绪、想法、观念，对相关状况达成新的认知才是目的所在。记住，固执己见，坚持事情要按照你设想的方式推进，并非最佳解决之道。你需要根据自己对当下状况的新认知，做出改变，适当调整你的想法和期望。

4. 拿出勇气

深呼吸，大声说出你自己的沉默契约。打破沉默可以让你抛掉内疚、恐惧等负面情绪。人们在采取这一行动后通常会生出自豪之情，变得勇敢，内心也会备觉轻松。

5. 变被动为主动。理解你与自身的沉默契约有助于你和生命中的重要人士和谐相处

当你开始主动追求而非被动接受自己的幸福时，你就会保持清醒的态度，将生活掌控在自己手中。这需要你好好找出自己存在已久或新增的沉默契约，而不是任由沉默契约躺在那里，白白浪费光阴。同时，你也需要学会欣赏自己、认可自己，认可自己在人际关系中的价值。

当你主动开始探索自己和他人之间的沉默契约时，就会找到新的方式开启对话。记住，对话时千万别使用"我们一直意见相左"这样的字眼，尽量使用积极的语言，例如"我想多听听你的想法，想明白你为什么如此坚定"。只要多加练习，你就会自然而然地采用积极的语言和对方

进行沟通，取得更好的成果。

经常审视导致你订下沉默契约的潜在因素（你心中的信念、设想、价值观和期待），是非常重要的事情。这样的审视探索能让你在创建和讨论相关沉默契约时，占据主动权，而不是被沉默契约所操纵。

————————————

仍然难以和自己或他人开启对话

你可能需要帮助才能将此事推行下去。打破沉默说起来容易做起来难，你若有心理包袱，则需要力量和支持才能开启这一阶段。你必须设法克服种种恐惧，比如害怕摊牌、害怕对方失望、害怕失去一段关系、害怕失败，等等。你要搜寻各种可靠的信息和资源，聘请训练有素、富有爱心的治疗师或教练，如此你才能变得更加自信，才能鼓起勇气开启棘手的对话之旅。其实，当你愿意改变自己时，你就已迈出了强大的第一步，所以请深呼吸，相信自己能顺利推动对话，鼓起勇气和对方沟通吧！

找到适合你自己的方法和节奏

试着抛开负面情绪，思考自身的沉默契约。这么做有助于你变被动为主动，积极弄清你需要专注的点。

在这一过程中，切记：

• 平静地提醒自己，所有人都有可能做出自相矛盾的事情，你不是个例。

· 宽慰自己，只要带着耐心和理解，你就能找到沉默契约的各种解决方式，并且还可能达到更好的效果。

· 和自己信任的人倾诉 —— 对方无须提供建议，只需聆听你的心声。如果对方将自己的沉默契约告诉你，那也别惊讶。

· 你需明白，直面那些难办的事实、真相将会给你带来更大的满足感。

· 找到那些能启发你的事物。

打破沉默

请注意，当你开口打破沉默时，一些不现实的需求、空想、恐惧、愿望以及更高的期待都有可能蜂拥而至，将你和对方淹没。鼓起勇气打破你和对方的关系边界，更进一步了解你自己，会让你变得更坚强、更开心。

在努力探索沉默契约的过程中，你可能会发现自己想直接质问自己和他人，以便更好地了解影响你自身的行为以及你和他人互动的背后因素。请好好练习坦诚沟通相关环节，不要因为自己提出尖锐的问题而感到歉意。不要因为对方不善言辞，就不要求对方提供直接坦白的答案。如此一来，你就会发现原本尴尬的对话会变得更容易，而如此开诚布公的对话也能防止新的沉默契约产生。

终止沉默契约的好消息

终止沉默契约并非易事，并非一朝一夕之间就能完成。这需要不断地练习，保持追根究底的意愿，直指问题核心。在我们教会小孩懂礼貌前，他们是可以自然而然地完成这一过程的。好在你内心深处其实隐约明白所发生的事情，所以当你将这些内心想法摆到台面上以后，你会更轻松自在。

注意事项：要做什么，不要做什么

在处理沉默契约时，要切记以下注意事项。它们将会让你本着乐观的精神，一路能量满满地坚持下去，直至相关问题得到妥善解决。

沉默契约处理前的准备工作：

• **要**去参加那些令人振奋的活动，例如运动、跑步、祈祷、冥想、锻炼、瑜伽、按摩或和朋友聚会。这有助于你保持良好心态，缓解紧张情绪，精神奕奕地开启沉默契约处理过程。

• **要**积极畅想正面的处理结果。

• **要**和你信任的人分享，告诉他们你将着手处理沉默契约一事，希望获得他们的支持。

• **不要**在自己感到不知所措的情况下开启沉默契约处理过程。你需要全身心地投入其中，在做好心理准备前千万不要贸然推动这一过程。

• **不要**在背负其他情绪问题的情况下开启处理过程。

• **不要**想着一边处理沉默契约，一边处理其他事务，一心多用。

沉默契约处理期间的注意事项：

· **要**注意自己的健康。

· **要**直面自己的不良习惯（酗酒、行事冲动、暴怒、过度反应等）。如有必要，请寻求专业帮助。不要等到自身行为失控时才重视。

· **要**记得休息。花点时间做你爱做的事情，这会让你保持清醒的头脑，精力充沛。

· **要**跟着自己的节奏走。慢慢来，罗马不是一日建成的（当然其他城市也是如此）。

· **不要**忘了和亲朋好友保持联系。他们可能并没有意识到你正在经历情绪上的大起大落。花点时间和那些对你最有帮助的人好好相处。花点时间，按照你认为的最好方式好好对待自己。

· **不要**随时随地地思考、讨论相关沉默契约，以免产生情绪枯竭。

· 万一事情进展不顺，**不要**对自己太苛刻。遇到困难是正常的，这说明你正在努力地解决沉默契约。

沉默契约处理完毕后：革命尚未成功，同志还需努力。

· **要**表扬自己干得好。

· **要**检视新达成的契约，确保它们对你有用。

· **要**继续开诚布公地和他人沟通。

· **不要**以为事已了结。沉默契约的处理是持续不断的过程，它充满乐趣，能让你受益无穷。

· **不要**指望沉默契约从此一去不复返。它们总有办法跳出来作怪，但你现在已有解决它们的工具了。

• **不要**对新的人际关系失去耐心。给他人一点时间接受这种处理方式，诚实审视他们内心的想法感受，以慢慢对你产生信任，直至愿意向你袒露心声。

重建沉默契约

一旦找到在你人际关系中发挥作用的沉默契约，你就可以重建／抛弃／接受它们。你会发现自己和对方享有共同的沉默契约条款。你们可以一起决定保留哪些合理的条款，抛弃哪些不合理的条款，或干脆在双方开诚布公、达成新共识后，基于双方需求，重建一份契约。甩掉沉默契约这个拦路虎，让自己及人际关系从这一束缚中解放出来，本身就是充满乐趣、让你感到无比充实的一个过程。现在，你可以从以往扮演的角色中解放出来，专心做自己就行！

问答部分

问：我是否可以和伴侣接受婚前咨询，以找出我们之间的沉默契约，预防双方关系之后出现问题？

答：除非你与自己或伴侣的沉默契约已经浮出水面，赫然出现在面前（这点很不常见），否则婚前咨询可能无法让你和伴侣预料到，你们婚后会以何种方式处理双方关系中必须面对的问题。人生重大事件会在过去引发沉默契约，并产生不良影响；这种事情不见得能预测得到。但是，婚前咨询可以让你意识到你和自己的沉默契约，学会开诚布公地讨论它们，这会让你从中受益，提升你的婚姻质量。

问：为防和朋友、配偶、同事或兄弟姐妹之间产生沉默契约，我现

在是不是得讨论我脑海中的每一个想法，心中的每一种情绪？

答：当然不可能这么做。记住，不管我们是否意识到，我们都生活在沉默契约当中。如果可以，不如试着花点时间在问题萌芽阶段就理解这些问题，而不是急不可耐地大声说出心中的每一个想法。先对某一状况进行观察，整理自己的想法，如此，你才能更有效地和卷入其中的人分享你的想法。

问：是不是每个人都和自己以及他人订下了沉默契约？

答：是的。就很多沉默契约而言，我们都任由它们摆在那里不去处理，甚至意识不到它们的存在；直到我们决定改变并鼓起勇气坦承内心的感受，它们的存在感才会凸显出来。

问：我们为什么如此看重沉默，想要极力保持沉默？

答：避而不提自己的感受想法，将它们埋入心中，这样的做法让我们感到安全。尽管它们所引发的后果和我们内心真正想要的结果背道而驰，但我们仍希望自己能避免完全暴露所思所感带来的风险。

问：既然各种亲密关系背后隐藏了各种我们无法接受的想法和感受，我们为什么还能继续维持这些关系？

答：人们往往会选择那些和他们一样，隐藏内心想法、感受和期望的伴侣。双方可能都费尽心思地保持沉默，心照不宣地约定隐藏那些"不可接受"的情绪想法；对双方互动来说，这是最保险的方式。物以类聚，人以群分；我们通常都会找到和我们抱持同样沉默契约的"完美"互动对象，然后长久停留在这样的关系中。只有当一方或双方都觉得有必要解除或改变相关沉默契约时，双方当下的关系状态才有可能被打破，变得难以维持。

问：为什么我们没有早早地向我们的伴侣、家人、同事、朋友询问这些根本性的问题呢？为什么我们没能一开始就发掘事实、真相呢？

答：沉默契约通常会为我们提供保护，让我们不必披露各自或彼此不想听到／看到／感受／了解的事情。我们漠然地认为，只要我们忽视对方的问题，那她／他就会顺水推舟，以同样的方式对待我们，避而不提我们的问题。就是这种"不闻不问"的消极心理将我们联结在一起，这样的心理其实就是我们和自己订下的一种沉默契约。

问：曾有人发现过对他／她人际关系有益的沉默契约吗？

答：当然，绝对有。我们通常不会注意到这样的沉默契约，因为它们和我们心中那些合理的需求相匹配。例如，你的丈夫喜欢每天早上喝一杯热咖啡。但他每天起床出门时，都慢条斯理，行事温暾。而你则精力充沛，做事风风火火，喜欢早起，整理妥当后就急着出门。早上他准备去淋浴时，你告诉他等准备妥当，要喝咖啡时，记得吹下口哨。他吹完口哨，你就马上为他端上咖啡，然后急匆匆地去上班。四十年来，你们一直都是如此。他行事温暾，你不会给他压力，只是要求他给你一个小提示，以加快事情进展，这让你们双方都感觉良好。这就是一个积极的沉默契约，因为它运转良好，让你们两人，一个慢郎中，一个急惊风，都感觉自在，所以一直未被注意到。

问：等到我们年纪很大时，仍需要如此这般发掘自己的沉默契约吗？毕竟，如果它没造成大问题，何必要花费心思去解决它？

答：众所周知，关系长久的夫妻不见得是情深意笃的。有些夫妻，虽然明眼人都看得出来双方小冲突不断，但他们仍能找到方法和平共处，让婚姻继续存续下去。然而，当这对夫妻年纪变大，有更多的时间待在一起，没有那么多的责任需要承担时，沉默契约就可能会扼杀他们关系中的快乐成分。因此，他们的生活会变得无趣，常常纳闷"生活就这样？"无法尽享自己的空闲时光。所以，无论处于关系的哪个阶段，大家都会因厘清相关沉默契约而受益。人们可以保留那些合理的、对他们有用的沉默契约。如果他们能探索那些存在已久、不太合理的沉默契约，学会将沉默契约背后的想法感受表达出来，那么他们的黄金岁月才算真正幸福如意。

问：那性生活呢？如果我这方面有未解决的沉默契约，那还能期望拥有美好的性生活吗？

答：这要看你处于沉默契约发展过程中的哪个阶段。如果你和伴侣一直试图揭开双方之间的沉默契约，这样的努力也会对你们的性生活产生影响。因此，如果目前你们性生活美满，找出并调整你们的沉默契约，将会让你们的性生活更和谐、更富激情，让你们双方更加灵肉合一。另外，如果你们的沉默契约就是建立在美好性爱基础上的，那你们可能会一直沉溺其中，直到其中一方或双方需要找到性爱背后隐藏的东西。发现背后的沉默契约后，你们可能仍会享受性爱，但同时也能意识到你们这段关系，除了性爱还有其他令人满意的地方，让你们双方一直情深意笃。

小贴士

• 当你开始探索人际关系中的沉默契约时，要做好他人会抵触的心理准备。这样的新尝试在刚开始时会让他人感受到威胁。他人可能会说你"小题大做""太敏感""无中生有"，对此你要做好心理准备。这样的抵触恰恰说明你这么做是对的。

• 如果你发现，你在大部分人际关系中都倾向寻求他人的肯定或忽视自身的价值，那就说明背后可能有沉默契约在作怪。这样的人际关系让你失去了自我。本书提供的练习将会助你揭开你和他人的互动模式。

• 如果你开始怀疑你一直和控制欲旺盛的人交往，那可能是你和自己订下的沉默契约在从中作祟。这个控制欲旺盛的人可能是你的朋友、老板、配偶，甚至你的兄弟姐妹；不管你是身不由己还是心甘情愿地被对方控制，共同点就是你在相关关系中都处于从属地位，属于依附角色。例如，你是否总是碰到心有所属、吝于对你付出或心理不成熟的伴侣／朋友？他／她让你心神不定、紧张不安或心生困惑，不知道自己对对方来说到底算什么，以致被对方控制住。你可能也同意这种控制，避而不谈这事，因为对你来说这总比你一个人孤零零来得好。这样的想法经常会催生沉默契约，导致你在关系中受累。

• 你如果在大部分人际关系中都担任照顾他人的角色，很可能在不知不觉中就和他人订下了沉默契约，成为他们的供养人／保护者。找到这一沉默契约的关键就是审视你和他们的互动模式，这有助于发觉隐藏在沉默契约背后的真实感受。你如果觉得自己被忽视、轻视，不堪重负，力不从心，或感到更关注所保护的人而不是自己的生活，则可能已卷入忽视你自己需求的照顾性沉默契约中。

• 不要忽视自己在性爱方面的感受，不管它是积极的还是消极的。性爱领域通常是沉默契约的雷区，因为涉事双方往往因为不想正面冲突而选择当缩头乌龟。当你鼓起勇气，努力找出你和伴侣在性爱方面的沉默契约时，你就会更加积极地看待自己，更加享受鱼水之欢。

附　录

我们将本书所涉及的练习都汇总在附录中，以便你专注练习。具体清单如下：

I. 开启对话，着手处理沉默契约

II. 沟通方法

III. 探索和沟通双方心中的设想、观念和期望

IV. 注意你的沟通／找你面临的障碍

V. 信念、期望、行为交叉表格

VI. 沉默契约表格

I. 开启对话，着手处理沉默契约

你可以先好好思考你认为可能存在沉默契约的场景。它可能是你和亲密伴侣争论的场景，可能是工作事业中令你沮丧不已的情景，可能是亲朋好友让你觉得不堪重负的场景。然后找个安静、不会让你分心的地方，给自己一点时间，仔细回答每个问题。你可能需要好一段时间才能完成所有问题。

记住：

- 慢慢来，花点时间诚实回答所有问题。

- 务必好好思考你的核心价值、原则、观念和设想。

- 好好思考这段人际关系出现问题之前，你所抱有的观念、想法。

- 仔细思索完成这一练习后，你就会明白自己是否背负沉默契约。

- 考虑心情、背景、时机和地点（设定谈话规则）。

- 设定好谈话规则后，挑选时机，告诉对方你想与其好好沟通的打算，例如："我们这个周末能谈谈吗，可能就是稍微谈一下，是有关你弟弟还要在这儿住多久的问题。"

II. 沟通方法

沟通前先思索以下问题，有助于你和对方顺利进行对话：

- 如果可以，你想和对方讨论当下状况的哪一部分内容？

- 相关人际问题探索完毕后，你是否会对双方关系产生新的想法？

- 描述一下，你通常是如何与配偶／老板／家人……沟通敏感话题的。

- 你会设定哪些规则或规矩，帮助自己在对话时坦承内心真正的需求？例如：你可能要先确保自己得到充分休息、心情平静，然后再与其沟通；你也可以设定对话时长，提前写下你要谈论的要点。

对话开场白

你要先告诉你的老板、朋友、家人或爱人，你想尝试新的沟通方法，以处理你们之间存在的问题。以下例子会就该如何和对方沟通你所关注的问题，为你做出示范。

- 你我之间存在问题，但我们都任由它发展。我希望我们可以一起解决它。
- 我们俩的关系已经开始瓦解，但我仍非常爱（信任、尊敬、在意）你。我不希望我们都装作问题不存在的样子。
- 我周末要出去喘口气，让自己好好冷静，这样我才能好好思考谅解一事，以及我们要如何才能抛开内疚自责，好好讨论这件事。
- 我担心还有一些影响我们俩合作共事的问题，我们都没有谈到。我想知道你是否也这么看。
- 对我来说，谈论这件事并非易事，但我希望我们能彼此帮助，将那些需要说开的事都说开。

对话回应

以下是上述对话开场白可能收到的回复，包括短语、陈述、问题和感想。

- 我也没有对你完全敞开心扉。
- 我也很想更直接坦率一些，但我现在还做不到，这对我来说太痛苦了。
- 在我看来，我们将来还需进行更多的对话。
- 这仿佛又回到了我们很久之前进行过的对话。我以为我们已解决了这一问题。

• 我需要几天时间好好思考这事。等我准备好了，我会告诉你的。

• 我不确定你是否真的想了解我的真实感受。如果是，那你需要好好听我讲，不能打断我。当你做好准备和我对话时，你能做到这一点吗？

• 我们之间又没出问题，为什么要谈它？有这个必要吗？

• 我沉默太久了。我想我一直觉得讨论这件事会让情况变得更糟糕。

• 我现在还未准备好思考这件事，给我二十分钟，等赛事结束后我再好好想想这件事，可以吗？

III. 探索和沟通双方心中的设想、观念和期望

设想某一场景，你认为该场景背后可能潜藏着你和伴侣、孩子、父母、朋友或同事订立的沉默契约。然后完成以下句子，以进一步了解相关情况。

• 我从小就觉得（专注和该场景有关的想法、信念）……

• 我以为他 / 她 / 他们知道……

• 我因此期望他 / 她 / 他们会……

• 我告诉过（没有告诉过）他 / 她 / 他们，我认为……

• 我告诉过（没有告诉过）他 / 她 / 他们，我以为他 / 她 / 他们知道……

• 我告诉过（没有告诉过）他 / 她 / 他们，我期望……

Ⅳ. 注意你的沟通 / 找你面临的障碍

这一练习有助你了解自己可以在多大程度上将心中的期望清楚地表达出来。

他 / 她的行为在多大程度上符合我的期望？以 10 分制来算，1 表示完全不符合，10 表示完全符合，圈出你的答案。

1　2　3　4　5　6　7　8　9　10

然后回答以下问题（回答"是"或"否"）。如果回答不出来，那你可能还未准备好将自己的期望告诉对方：

• 如果结果不符合我的期望，我是否要等他 / 她做出改变？

• 我是否等着对方和我讨论影响我们关系走向的重大问题？

• 我是否想将心中的期望告诉对方，但因为恐惧 / 不敢摊牌而举棋不定？

• 我已经等了多久了？为什么要等这么久？我到底在恐惧什么，以致不敢说出我的期望？

Ⅴ. 信念、期望、行为交叉表格

请填写以下表格，考虑你在相关场景中所抱有的信念和期望。除此之外，你还要在表格中描述自己的行为，如此你便能看清自己的行为是否符合心中的信念和期望。你也要写下伴侣（家人、朋友、同事或老板）

的行为，以便弄清他们的行为是否符合你的信念和期望。

	我的信念	我的期望
我的行为		
伴侣的行为		

VI. 沉默契约表格

以下表格向你展示了不同的选择所带来的结果。它可以帮助你决定该如何处理已发现的沉默契约。好好思考你所发现的一个沉默契约，然后考虑不同的选择可能带来的结果。

我的沉默契约	沉默契约处理方式	处理结果
	予以保留。因为它符合需求，对我有用	心满意足
	予以保留。但它不符合我的要求，对我也没有用	继续挣扎，继续背负它
	抛弃。它不符合我的要求/它对我不管用/它让我受伤，令我失望	如释重负；改变是可能的，也较容易
	重建。你需要新的见解想法，并愿意做出调整	以相互了解为基础，和对方达成共同的目标，然后重建沉默契约

填写该表格时需要思考以下三个问题：

· 可以采取哪些行动切实改变或改善你当下的状况？

· 你能接受相应选择所带来的结果吗？

· 你是否对相关结果感到满意？

致　谢

　　身为本书作者、教育家、治疗师和咨询师，我们看到无数个人、夫妻和家庭想在其个人生活和工作生活中实现更多的成就。

　　本书让我们得偿所愿，通过展现他人的希望和志向让大家明白该如何在家庭、工作和玩乐之间做出更有意义的选择，建立令人满意的人际关系。

　　非常感谢直接参与到本书制作、出版过程中的各位人员：

　　•感谢制作本书的和谐／罗德尔（Harmony/Rodale）出版社，感谢我们的编辑米歇尔·安尼克里克（Michele Eniclerico），本书的出版得益于她的专业意见和时间投入。

　　•感谢我们的经纪人蕾佳娜·布里克斯（Regina Brooks），她也是机缘文学社（Serendipity Literary Agency）的老板。感谢她在合同签订期间一直耐心地和我们协商，为我们提供意见和专业见解，而且还帮助我们寻找合作商，让我们的写作提案最终成形。蕾佳娜，感谢你一路指点我们，鼓励我们，让我们最终克服一切困难将此书出版。你是我们最棒的经纪人。

　　•感谢我们耐心的策划编辑茱迪·福多（Jodi Fodor）。你是我们团队出色的一员，在你的帮助下，我们可以将心中的学术想法通过平实、接地气的话语传达给广大读者。你真的很优秀风趣，很高兴可以与你一起共事。我们也要感谢珍·斯戴海利（Jean Stacheli）、维吉尼亚·拉·普兰特（Virginia La Plante）、安妮塔·迪格斯（Anita Diggs）、琼·莱斯特（Joan Lester）、黛安·帕特里克（Diane Patrick）和露丝·米尔斯（Ruth Mills），感谢各位提供的编辑支持。

·感谢安娜·戈什（Anna Ghosh）、伊莱恩·布朗（Elaine Brown）和哈拉·马哈诺（Hara Marano），感谢你们在早期阶段热忱地向我们提供意见和想法。

·感谢我们的老师及写作教练苏珊·琼斯·约翰逊（Susan Jones Johnson）和谢丽尔·希利亚德·塔克（Sheryl Hilliard Tucker）。没有你们宝贵的建议和指导，我们很难流畅清晰地将我们的想法整理成文。也感谢玛丽·布朗（Marie Brown）在此过程中所提供的大力支持和鼓励。

·感谢劳尔·戴维斯（Raoul Davis）、玛丽莉·科恩（Merilee Kern）和宝拉·莫里诺（Paula Moreno）协助我们搭建网站、提供视讯信息，制作相关影音资料。感谢你们出色的宣传营销服务。

·感谢埃利斯·埃齐瓦利亚（Ellis Echevarria）的设计支持。

·感谢杰奎琳·凯比（Jocquelle Caiby）为本书的写作提案提供意见，让我们的写作思路更清晰、更富条理。

读者可以登录 www.SilentAgreements.com 网站，联系本书作者。

参考文献

本书序言部分（"何谓沉默契约，它如何影响我们的人际关系"）所涉及的参考文献：

1. D. W. Winnicott, "Ego Distortion in Terms of True and False Self." *The Maturational Processes and the Facilitating Environment: Studies in the Theory of Emotional Development*. New York: International Universities Press, 1965, 140–52.

2. Murray Bowen, *Family Therapy in Clinical Practice*. Northvale, NJ: Jason Aronson, 1985.

3. Robert Kegan, *The Evolving Self: Problem and Process in Human Development*. Cambridge, MA: Harvard University Press, 1982.

图书在版编目（ＣＩＰ）数据

沉默契约 /（加）琳达·D.安德森，（加）索尼亚·
R.班克斯，（加）米歇尔·L.欧文著；徐雪燕译 . -- 北
京 : 中国友谊出版公司，2022.9
书名原文 : Silent Agreements
ISBN 978-7-5057-5345-7

Ⅰ.①沉… Ⅱ.①琳… ②索… ③米… ④徐… Ⅲ.
①人际关系—通俗读物 Ⅳ.① C912.11-49

中国版本图书馆 CIP 数据核字 (2021) 第 214596 号

著作权合同登记号 图字：01-2021-7353

书名	沉默契约
作者	［加］琳达·D.安德森　索尼亚·R.班克斯　米歇尔·L.欧文
译者	徐雪燕
出版	中国友谊出版公司
发行	中国友谊出版公司
经销	新华书店
印刷	天津中印联印务有限公司
规格	690×960 毫米　16 开
	15 印张　171 千字
版次	2022 年 9 月第 1 版
印次	2022 年 9 月第 1 次印刷
书号	ISBN 978-7-5057-5345-7
定价	49.80 元
地址	北京市朝阳区西坝河南里 17 号楼
邮编	100028
电话	（010）64678009